Irmgard Schlögl
Ehrw. Myokyo-ni

AF220643

Lebendiger Buddhismus

Aus dem Englischen von Ulrich Beck und Michelle Bromley

Bibliografische Information der Deutschen Nationalbibliothek:
Die Deutsche Nationalbibliothek verzeichnet diese Publikation
in der Deutschen Nationalbibliografie; detaillierte bibliografische
Daten sind im Internet über https://portal.dnb.de/ abrufbar.

Originaltitel: Living Buddhism by Venerable Myokyo-ni
Copyright © The Zen Centre, London 2000

Übersetzung aus dem Englischen von Ulrich Beck
und Michelle Bromley, ursprünglich erschienen im Angkor Verlag 2011
Nachdruck 2021, BoD – Books on Demand

Umschlaggestaltung von Matthew Peter Jones

© 2021 Michelle Bromley
Herstellung und Verlag:
BoD – Books on Demand, Norderstedt

ISBN: 978-3-7543-9419-9

法薫

Fragrance
of the
Dharma
Hōkun Trust

Der Hokun Trust ist erfreut, die Übersetzung dieses Buches,
erstmalig in die deutsche Sprache, unterstützen zu können,
zumal Deutsch die Muttersprache der Ehrwürdigen Myokyo-ni war.
Diese klare und praktische Darlegung vom Leben des Buddha und
seiner Lehre wird von noch unerfahrenen Suchenden, aber auch von
schon jahrelang Übenden als bedeutsam empfunden werden.
Wenn diese Lehren nur wenige Herzen ansprechen und Frieden und
Freude bringen, wird die Herausgabe des Buches von großem Wert sein.
Mögen alle Wesen Buddhaschaft erlangen!

Inhalt

Einleitung

Der Buddhismus ist eine der großen Weltreligionen; er ist universell, da er von Rasse und Kultur unabhängig ist. Man kann ihn auch für altehrwürdig halten – beträgt doch sein Alter zweitausendfünfhundert Jahre. Als räumlich weit verbreitete Religion hat er bewiesen, auf jedem Boden Wurzeln schlagen zu können, vorausgesetzt, dass eher sein Geist als die äußere Form verpflanzt wurde. Und sein nachfolgendes Wachstum hat stets die jeweilige einheimische Kultur bereichert.

Aus westlicher Sicht ist es schwierig, den Buddhismus als Religion anzusehen. Wie wenig religiös unser gegenwärtiges intellektuelles Klima auch sein mag, so basieren dennoch unsere Art zu reden und unsere Gedankenabläufe auf der Annahme eines allmächtigen Schöpfergottes. Dieser ist zugleich erste Ursache, Herrscher, Handelnder und Planer, ist größer als seine Schöpfung und besitzt die Macht zu belohnen und zu strafen. Man wendet sich deshalb in religiösen Handlungen durch Gebete, Lobpreisungen und Verehrung an ihn.

In allen traditionell buddhistischen Ländern begegnen uns wie auch im Westen Verehrung und Frömmigkeit, aber es gibt keine herrschende Gottheit, keinen Schöpfergott. Stattdessen geht man von einem sich selbst regulierenden GESETZ aus, welches als Ursache und Wirkung neutral handelt. Der Buddha wird ganz eindeutig als Mensch angesehen, allerdings als ein ganz besonderer, der „erwacht" oder von unserer menschlichen Bürde des immerwährenden Unglückes und der Unzufriedenheit erlöst ist. So erwachte er nicht nur wie aus einem bedrückenden Traum und erkannte die Ursachen unserer gemeinsamen menschlichen Schwierigkeiten, sondern er beschrieb und lehrte auch deren Heilung, wobei er einen Weg aufzeigte, der aus dem Leiden herausführt, wenn man ihm zu folgen bereit ist.

In buddhistischen Ländern werden dem großen Befreier Dank und Lobpreisungen dargebracht, dem großen Weisen, der während seiner Lebenszeit diesen Weg gewiesen hat, so dass andere ihm folgen konnten. Dankbarkeit, Liebe, Freundlichkeit, Lobpreisungen

und Aufschauen zu dem, was mehr als nur Ich ist, was viel verspre-
chend aber noch nicht verwirklicht ist – dies alles sind natürliche
Eigenschaften des menschlichen Herzens. Wenn wir diese aus den
Augen verlieren, werden wir engherzig, kleinlich und streitsüchtig
und verlieren dadurch unser Geburtsrecht als Menschen.

Der Buddha wird weder als göttlich angesehen, noch werden Gebete in der Hoffnung auf irgendeine Fürsprache an ihn gerichtet.
Blumen werden ihm dargebracht, Dank und Lobpreisung werden
ausgesprochen und rezitiert, und es gibt eine große Anzahl ritueller
Bräuche für Laien und Geistliche. An diesen kann man sich freiwillig beteiligen, denn sie sind ja wirklich Ausdruck eines frommen
Herzens und erfüllen ein grundlegendes menschliches Bedürfnis,
das wir zu unserem eigenen Schaden vernachlässigen. Der Buddhismus kennt keine Gebote, die man einhalten müsste; es liegt
nicht in der Macht irgendeines Buddhas zu belohnen oder zu strafen, zu vermitteln oder einzugreifen.

Wenn Verehrung das Wesentliche einer Religion darstellt, ist der
Buddhismus auch ohne einen Allmächtigen Gott oder Schöpfer
eine Religion. Für uns westliche Menschen ist es schwierig, eine
Religion als nicht-theistisch anzusehen. An dieser Stelle mag es hilfreich sein, das Wort „Religion" selbst zu betrachten, das aus dem
lateinischen Wort „re-ligio" herzuleiten ist, welches Wiederverbinden bedeutet. Dieses Wiederverbinden kann einmal als zu Gott hin
gesehen werden, aber ebenso auch zum eigenen innersten Herzens-
oder Daseinsgrund – und in diesem Sinne ist Buddhismus als Religion anzusehen. Nur allzu oft wurde er als „Lebensweise" oder
„Philosophie" deklariert und hat so die wesentlichen Merkmale der
Verehrung eingebüßt – die gefalteten Hände, das verneigte Haupt
und Herz in Ehrfurcht und Erschauern vor dem Geheimnis des
Daseins. Aber gerade diese Haltung kann in unserem menschlichen
Herzen eine Wärme und ein Streben erneut ins Leben rufen, die
den Einzelnen über ein nur auf sich selbst zentriertes Ich in seine
wirkliche Natur als menschliches Wesen emporhebt, und die auch
der Ursprung jeglicher Art von Güte, Kreativität und Schönheit ist.

Als nicht-theistische Religion besitzt der Buddhismus keine fest
niedergeschriebenen Dogmen, an die man als göttliche Offenbarung

zu glauben hätte, und kennt auch keine göttlich verkündeten Gebote, die befolgt werden müssten. Vielmehr wurde sein Begründer, der Prinz Siddharta Gautama, nach vielen Jahren spirituellen Ringens zum Buddha, dem Erleuchteten. Seine Lehren versuchen nicht, den Zustand der Erleuchtung zu beschreiben, denn dieser ist nicht mitteilbar, aber sie zeigen den Weg zu seiner eigenen Einsicht auf. Als solche sind sie kein System des Glaubens oder eines intellektuellen Studiums, sondern ein Weg für eine Übung, die man auf sich nimmt.

Weiterhin wird kein Wert auf historische Einzelheiten gelegt. Die beschriebenen Ereignisse sind offenkundig allegorisch als Metaphern für das gedacht, was in sich selbst unaussprechlich ist.

Jegliche Verantwortung liegt somit beim Einzelindividuum. Das Dharma, der Lauf aller Dinge, ist ein sich selbst regulierendes Gesetz oder ein Vorgang, der sich von selbst fortbewegt und sich auch selbst reinigt. ES ist – jenseits von Raum und Zeit, ohne Anfang oder Ende und frei von allen Attributen. ES lässt sich nicht in Worte fassen, Es ist auch kein Ding, ist überhaupt nichts. Man könnte vielleicht das Leben als Vergleich heranziehen; es ist kein „Ding", existiert auch nicht als solches, ist bloß ein Begriff, und dennoch ist es die Essenz aller Lebewesen. Obwohl ein individuelles Lebewesen eine bestimmte Lebensdauer besitzt, ist das Leben selbst dadurch nicht beschränkt, sondern geht als Leben weiter – ES ist eben.

In diesen Vorgang mit seinen Einzelheiten, der eigentlich kein Vorgang ist, erlangte der Buddha bei seinem Erwachen vollständige Einsicht. So wurden seine Lehren als „Buddha-Dharma" bezeichnet, was auch irreführend sein kann, denn sie beschrieben nicht seine Einsicht, sondern nur den Weg, der dorthin führt.

Dieser Weg ist ein innerlicher oder spiritueller Weg, dessen Beschreiten Mut und Hingabe erfordert und zunehmende Gewandtheit und Stärke verlangt, die auf dem Weg erworben werden. Wie weit man ihm folgt, bleibt dem einzelnen Wanderer überlassen, aber über die Jahrtausende hinweg scheint sich die übereinstimmende Meinung entwickelt zu haben, dass schon wenige Schritte auf ihm lohnend sind. Wir, d.h. jeder von uns, sind durch unsere Handlungen Ursache und Empfänger der entstehenden Folgen, so dass jeder

Schritt seine unausweichlichen Konsequenzen mit sich bringt. Dies ist jedoch nicht als gerade Linie von Ursache und Wirkung, sondern in einem viel umfassenderen Zusammenhang eines komplizierten, in sich verschlungenen Musters zu sehen, in dem jede Bewegung alles andere beeinflusst, ähnlich wie sich Wellen in einem Teich ausbreiten. Demnach kann es keine Primärursache dieser Bewegung geben, sondern nur eine Vielfalt von „bedingten" Ursachen, die weitere Konsequenzen hervorrufen. Dies wird im Buddhismus „Karma" genannt.

So ist Dharma, der Lauf aller Dinge, der grundlegende fundamentale Zustand, welcher als „Ding" nicht existiert und daher nicht greifbar ist. Vielleicht kann es mit dem „Körper" eines Weines verglichen werden – schwer fassbar, kein „Ding", aber wahrnehmbar als die Blume oder die Essenz des Weines. Dies ist nur ein Vergleich, lediglich ein Hinweis, der in sich keinerlei Bedeutung hat, weil Dharma unaussprechlich ist, es IST eben. Wie das allen Dingen innewohnende Gesetz, „in-formiert" es alle Formen; ähnlich wie das natürliche Gesetz, nach dem alle Dinge in Erscheinung treten, wachsen, fortbestehen, verfallen und wieder vergehen.

Seine aktive Funktion ist Karma, das als zusammenhängendes Netz von Ursache und Wirkung aufgefasst wird, welches sich durch die Zeiten hindurch erstreckt gemäß den erzeugten Ursachen, die selbst wiederum durch das bedingt sind, was sich zuvor ereignet hat und künftige Ereignisse bestimmen wird. Das Wirken von Karma ist neutral, bedarf keiner Führung und mahlt, wie die sprichwörtlichen Mühlen Gottes, langsam aber außerordentlich fein.

Wir tragen also selbst die Verantwortung für unsere Handlungen, und zwangsläufig ernten wir die Folgen davon. Hierin liegt jedoch nichts Fatalistisches, denn obwohl wir ernten, was wir gesät haben, können wir beim Säen auf verschiedene Weise Acht geben – so bei der Vorbereitung des Bodens, bei der Auswahl von gutem Samen, durch sorgsame Pflege der wachsenden Pflanze und durch das Ausmerzen von dem, was nicht heilsam ist. Hierbei sind wir wirklich die Schöpfer unseres eigenen Schicksals, und wir sollten uns nicht über das beklagen, was uns zustößt, sondern uns aufraffen, achtsam zu sein und die Saat für bessere Umstände zu legen. Ausschlaggebend dabei ist auch die Einsicht, dass durch die Verwobenheit des karmischen Netzes Handlungen sich sowohl auf mich als auch auf andere auswirken. Der Buddhismus legt daher großes Gewicht auf Gewaltlosigkeit und guten Willen – nicht nur in der Handlung, sondern auch in Rede und Gedanken.

Historisch kann das gewaltige Lehrgebäude des Buddhismus, welches nach und nach heranwuchs, am besten als ein mächtiger Baum angesehen werden, dessen große Zweige sich weithin verästeln. So wie alle Zweige einen gemeinsamen Stamm besitzen, so vereinigt auch eine grundlegende Übereinstimmung die drei Hauptzweige des Buddhismus, wobei jeder ihn auf seine eigene charakteristische Weise variiert. Diese drei Zweige entwickelten sich infolge der Ausbreitung des Buddhismus nach geographischen Gesichtspunkten. Die allen Zweigen zugrunde liegende Hauptrichtung, die jetzt in ihrem Heimatland fast ausgelöscht ist, ist in ganz Südostasien in Form des Theravada-Buddhismus anzutreffen. Die große Nördliche Schule teilt sich: ein Zweig breitet sich im Fernen Osten aus, und der andere ist als Tibetischer Buddhismus bekannt.

Bemerkenswert ist die zunehmende Popularität des Buddhismus im Westen innerhalb der letzten vierzig Jahre. Hier kann er bestenfalls das spirituelle Vakuum ausfüllen, unter dem die westliche Kultur akut leidet, und er tut dies auch. Schlimmstenfalls wird der Buddhismus nur zu einer Modeerscheinung, die man aber vernachlässigen kann.

Kapitel I

Der Buddha

Laut Überlieferung wurde der Buddha als Sohn und Erbe des Königs eines kleinen Fürstentums im Himalaya geboren. Seine Geburt und seine Empfängnis waren wie ein Wunder. Ein berühmter Weiser wurde beauftragt, sein Horoskop zu stellen und Aussagen über seine Zukunft zu machen. Dieser Weise warf sich tief gerührt vor dem Kind zu Boden und berichtete dem Vater, dass sein kleiner Sohn dazu auserkoren war, entweder ein mächtiger Weltherrscher oder ein großer Weiser zu werden.

Seine wundersame Empfängnis und die Geburt aus der Seite der Mutter heraus könnten metaphorisch auf die spirituelle Kraft hindeuten, die der Materie innewohnt, wobei der menschliche Zustand nur eine ihrer Manifestationen darstellt. Der Name Maya, den die Mutter trug, ist die Bezeichnung für jene Täuschung, unter welcher wir alle zu leiden haben. Das neugeborene Kind soll sogleich nach der Geburt sieben Schritte gemacht haben, einen in jede Richtung, wobei es mit einer Hand zum Himmel wies und mit der anderen zur Erde deutete und dabei sprach: „Zwischen Himmel und Erde bin ich allein der Welterhabene."

Was könnte das bedeuten, und wie könnte es für uns wichtig sein? Wie kann ein neugeborenes Kind nur solche Dinge von sich geben! Bevor wir uns immer tiefer in intellektuellen Erwägungen verstricken, sollten wir lieber darüber nachdenken, dass auch Jesus im Hinblick auf seine Christus-Natur gesagt hat: „Ich bin, bevor Abraham war." Hier haben wir es doch mit einer vergleichbaren Äußerung aus dem Munde eines neugeborenen Kindes zu tun. Auf was könnte dies in einem buddhistischen Zusammenhang hindeuten? Es ist ein seltenes und glückliches Ereignis, in den menschlichen Zustand hineingeboren zu werden. Viel gutes Karma ist dafür erforderlich, anstatt in irgendeinen anderen Bereich der Lebewesen hineingeboren zu werden, denn vollständige Erlösung kann nur aus dem menschlichen Zustand heraus erfolgen. Eine solche Geburt ist nur die erste von vier günstigen Voraussetzungen, die für eine solche Befreiung erforderlich sind. Es ist auch nicht hilfreich, als menschliches Wesen in einer Zeit geboren zu werden, in der das Buddha-Dharma nicht besteht – und derartige Zeiten gibt es. Wenn man vor etwa zweihundert Jahren hier im Westen zur Welt kam, kannte niemand das Buddha-Dharma, obwohl es zu dieser Zeit im Osten existierte. Und die vierte günstige karmische Verbindung besteht darin, nicht nur zur Zeit und an einem Ort geboren zu werden, wo das Buddha-Dharma bekannt ist, sondern auch mit ihm in Berührung zu kommen und davon so bewegt zu sein, dass sich das Herz öffnet und danach strebt, ihm zu folgen.

Aber zurück zum Buddha-Kind. Ein kleines Baby hat noch keine bewusste Empfindung von „Ich", daher empfindet es sich auch nicht von allem Sonstigen getrennt. Kleine Kinder leben im jeweiligen Augenblick und sind eins mit dem, was gerade ist; sie sind noch „ganz da". Weist die Äußerung des Buddha-Kindes darauf hin? Auch wir haben uns ähnlich geäußert; bis zur Geburt waren wir nämlich Teil einer anderen, „der Mutter", aber mit dem ersten Schrei tritt das Leben ein, wir sind zu Individuen, zu uns „selbst" geworden. Schon bald werden wir bewusst „Ich". Und damit schränkt die Welt uns ein; ich werde von dir getrennt, von dem Stuhl, von dem Baum und von allem anderen. So schrumpft alles zusammen, aber irgendwie verbleibt im Herzen ein Gefühl der Erinnerung an diesen ersten Schrei: „Zwischen Himmel und Erde bin nur ich der Welterhabene" – bin LEBEN. Das menschliche Herz sehnt sich nach dieser Vollständigkeit als seinem wahren Zustand oder seiner wahren Natur. Wir können dieses Sehnen falsch auslegen oder missverstehen, aber solange wir leben, wird es uns zu schaffen machen und auf irgendein „Ding" hinstreben lassen, wobei häufige Enttäuschungen unbeachtet bleiben. Ob ich es nun gerne möchte oder nicht, ich werde einfach dazu gezwungen, mich an etwas zu klammern – nur um herauszufinden, dass nach Erreichen des Ziels die Anziehungskraft verloren geht, wobei ich aber immer noch nicht zufriedengestellt bin. Wenn ich achtsam bin, werde ich unausweichlich herausfinden, dass ein heiß begehrter Gegenstand schnell seinen Reiz verliert, wenn ich ihn erst einmal in Händen halte, und so beginne ich mir allmählich darüber klar zu werden, dass kein äußeres Objekt diese Sehnsucht stillen kann. Sie ist vielmehr das Sehnen des Herzens nach seiner Heimat, nach Wiedervereinigung mit dem, was ist, um wieder damit verbunden zu sein. Dies kann man vielleicht intellektuell verstehen, aber es ist eine ganz andere Sache, sich dessen bewusst zu sein und danach leben zu können! Was ich mir auch immer ausdenken mag oder was sogar meinem Denken zuwider läuft, in diesem abgetrennten Zustand bin ich mein eigener Gefangener, bin Ich-bewusst, Ich-gebunden und deshalb nicht frei. Aber diese Knechtschaft ist selbst gemacht und deshalb trügerisch. Die buddhistischen Lehren versichern uns, dass diese Auffassung von einem „Ich" als getrennte und dauerhafte Einheit die Quelle meiner Befangenheit und meiner Angst ist, und dass diese durch eine entsprechende Übung behoben werden kann.

Ich kann einfach nicht umhin, parteiisch zu sein und alles in Bezug auf das zu sehen, was mir zusagt oder bei mir auf Ablehnung stößt. Derartig gefesselt handele ich entweder unter Zwang (also unfrei) oder fühle mich abgetrennt (allein). Ich bin also verlegen und verängstigt über das, was ich nicht mag und reagiere entweder mit Aggression oder Rückzug.

Die Begebenheiten, welche sich der Tradition zufolge in der Zeit um die Geburt des Buddha-Kindes herum ereigneten, eröffnen bereits den Blick auf eine Landschaft, wo die Anfänge eines Weges schon in Andeutung zu erkennen sind. Dieser gut markierte Weg bewahrt uns davor, in die Irre zu gehen, und bietet uns den Zugang zu einer Wiedervereinigung oder Wiederverbindung mit dem, was ist, mit dem „Ungeborenen". Dieses Vorwärtsstreben zu einer Wiederbegegnung ist wichtig – denn obwohl es von einem Gesichtspunkt her auch als eine Rückkehr zur Wiedervereinigung betrachtet werden könnte, hat der Buddha es als einen „Weg von alters her" beschrieben, der „zu einer alten Stadt" führt. Dies deutet auf ein aktives, vorwärts gerichtetes Streben hin und nicht auf ein Zurücksinken in etwas, was nicht mehr ist. Daher bewacht auch nach christlicher Vorstellung der Engel mit dem Flammenschwert den Weg zurück zum Paradies. Eine volle Menschlichkeit kann nur durch Vorwärtsgehen und durch Reifen erlangt werden.

Nun zurück zum Leben des Buddha. Der König freute sich über eine so günstige Prophezeiung und wünschte sich natürlich, dass aus seinem Sohn ein mächtiger Eroberer und Weltherrscher würde; daher war er fest entschlossen, die andere Möglichkeit zu verhindern, nämlich dass er ein großer Weiser würde. Er ließ den Knaben in all den fürstlichen Arten der Kriegsführung, der Künste und Gelehrsamkeit unterrichten, und es wird berichtet, dass der junge Mann auf allen Gebieten hervorragend war. Sein Vater verheiratete ihn dann und schuf so ein weiteres Band, das ihn fest an ein gewöhnliches menschliches Leben binden und damit auf den Weg eines Eroberers bringen sollte. Weiterhin wurde der Prinz sorgfältig von der Außenwelt abgeschirmt und durfte nicht die Palastmauern verlassen, womit eine Begegnung mit dem Leiden unterbunden wurde, welches das normale Leben in der Welt beinhaltet, denn dies hätte ihn ja auf den Weg eines Weisen bringen können. Bald bekam das junge Paar einen Sohn, was könnte noch bei jeder erdenklichen Art von Luxus zu wünschen übrig bleiben?

An dieser Stelle mögen wir kurz innehalten und nachdenken. Der junge Prinz besaß alles nur Vorstellbare: Annehmlichkeiten, gesellschaftliche Stellung und Luxus, und es gab nichts mehr zu erreichen. Was hätte er sich bei diesen günstigen Umständen sonst noch wünschen können, hatte er doch auch eine bezaubernde Frau, die er liebte, und ein gut geratenes und gesundes Kind? Mit solchen Gegebenheiten – keine Sorgen, keine Schwierigkeiten, viel Geld, keine Ängste bezüglich der Zukunft –, sind wir da nicht der Ansicht, dass wir glücklich und zufrieden leben könnten? Wenn ich nur all das besäße! Wenn nur ...!

Für den Prinzen Siddharta gab es kein „wenn nur", er besaß all das oben Genannte. War er zufrieden? Glücklich? Erfüllt? Nein, er war von einem Drang oder Durst erfüllt, einer Sehnsucht nach vielleicht weiteren Horizonten jenseits von „ich allein", einem Verlangen nach etwas bisher Unbekanntem. Er hatte alles, war aber dennoch ruhelos in seinem Leben im Palast. Daher überredete er seinen getreuen Wagenlenker, ihn heimlich in die Stadt zu bringen – nicht, um in so etwas Vergleichbares wie eine Diskothek zu gehen usw., er wusste nichts von diesen Dingen, sondern nur um zu sehen, wie es außerhalb des Palastes zuging. Im Verlaufe von vier Ausfahrten begegneten ihm aufeinander folgend zuerst ein missgestalteter Bettler, dann ein alter Krüppel, danach ein aufgedunsener Leichnam und zum Schluss ein Asket, der gelassen am Straßenrand saß. Nach jeder Begegnung musste der Prinz, der all dies nicht kannte, danach fragen, was er gesehen hatte.

Dies ist ein wichtiger Punkt. Wenn er so gebildet war, wie es in den Texten überliefert ist, dann muss er von solchen Dingen wie Armut, Krankheit, Alter und Tod gewusst haben. Aber es gibt einen großen Unterschied zwischen dem Wissen im Kopf allein und einer echten körperlichen Gegenüberstellung. Wie sehr wir auch überzeugt sein mögen, über etwas Kenntnisse zu besitzen, so können wir es ohne eine direkte Konfrontation nicht erkennen, denn der Eindruck der Wirklichkeit ist ganz anders als die abstrakte Vorstellung in unserem Kopf.

So musste man dem Prinzen erklären, dass er einen Bettler, einen alten kranken Mann, eine Leiche und einen Asketen vor sich sah. Tief verstört über ein derart ungeahntes Bild des Grauens wurde der junge Mann auf seltsame Weise durch den Anblick des ruhig und friedlich im Staub sitzenden Asketen angerührt. Dies schien sowohl Antwort als auch Lösung für das unausweichliche Leiden des Lebens zu sein: die Gelassenheit des Asketen, der nichts sein eigen nannte, gerade die versetzte ihn in Aufruhr. Wiederum ist dies als Allegorie zu verstehen. Der Buddha war eine historische Gestalt, aber Einzelheiten seines Lebens sind historisch nicht dokumentiert. Dies ist auch nicht von Belang.

Es wäre besser, uns selbst zu fragen, ob wir jemals wirklich und konkret das Leiden anschauen, sowohl unser eigenes als auch das von anderen? Beachten wir die dunkle Seite des Lebens? Nehmen wir sie uns wirklich so zu Herzen, dass es uns ein Bedürfnis ist, uns klar über sie zu werden? Sie sogar gründlich abzuklären? Der junge Prinz war durch seine Begegnungen mit dem Leiden dazu bereit. Wenn er wie ein ganz gewöhnlicher Junge in Indien erzogen worden und mit dem Anblick von Bettlern, Krüppeln und Leichen vertraut gewesen wäre, kann man sich darüber streiten, ob derartige Begegnungen ihn schockiert oder ihn in dem Ausmaß überwältigt hätten, dass sie sein gesamtes Leben veränderten. Denn im Vergleich mit dem Leiden des Daseins verlor sein luxuriöses Leben im Palast an Bedeutung und Anziehungskraft und wurde bei der Gegenüberstellung mit dem überwältigenden Problem des unvermeidbaren menschlichen Leidens zu nichts. Dies konnte er nicht einfach abschütteln, und so fasste er den Entschluss, eine Lösung zu finden. In den Texten wird dies die „Große Entsagung" genannt: er verließ heimlich den Palast, um ein Asket zu werden.

Er war gezwungen, den Palast in aller Heimlichkeit zu verlassen, denn sein Vater hätte niemals seine Einwilligung dazu gegeben. Es ist bezeichnend, wie unterschiedlich die verschiedenen Traditionen die Art seines Auszugs beschreiben. Eine besagt, dass er sich davonstahl, nachdem er einen liebevollen Blick auf seine schlafende Frau und seinen Sohn geworfen hatte – und unsere Herzen werden dadurch angerührt, denn es liegt sicherlich jenseits menschlicher Kraft, all das zu verlassen und niederzulegen, woran das Herz hängt, und sich einfach in das Nichts zu begeben. Genau der gleiche Punkt wird in einer anderen Darstellung betont, wobei die Götter selbst Hand anlegten – wir erkennen dabei die karmischen Vorgänge zurecht als jenseits von Ich-Intentionen und Ich-Machenschaften gelegen. Folglich neigen wir dazu, uns diese Schiedsrichter als göttliche Kräfte oder als „Götter" „bildlich" vorzustellen. So wurden auch nach dieser Überlieferung die vier schicksalhaften Ausfahrten durch göttliches Eingreifen veranlasst, und die Götter dämpften mit ihren eigenen Händen die Schritte des Prinzen-Pferdes und machten sie auf diese Weise geräuschlos, um sein heimliches Entkommen zu ermöglichen. Sucht euch die Version aus, die euer Herz anspricht; streitet nicht darüber, welche die „richtige" ist!

In kleinerem Ausmaß haben alle von uns vergleichbare Erfahrungen gemacht. Zum Glück nicht häufig, denn wenn wir in eine Krise hineingeraten, tritt alles andere für eine Zeit lang in den Hintergrund, wir werden davon „eingeholt" und ganz und gar darin verstrickt. Dies widerfuhr dem jungen Prinzen – aber er war entschlossen, die Ursache der Krise herauszufinden. Wiederum berichtet die Überlieferung, welche einzelnen Phasen zu durchlaufen sind. Er suchte zunächst den größten spirituellen Lehrer seiner Zeit auf,

17

vertraute sich vorbehaltlos seiner Führung an und erwies sich in seinem Studium und seinen Übungen als so überragend, dass man ihm die Nachfolge anbot. Aber sein eigenes Problem war noch ungelöst, und so ging er fort und begab sich zu einem anderen ebenso renommierten Lehrer, doch auch dort wiederholte sich nur das Gleiche.

An dieser Stelle mögen wir erneut innehalten und wieder nachdenken. Wenn wir dem Buddha-Weg folgen wollen oder, was auf das gleiche hinauskommt, wenn wir eine echte Erfüllung unseres Herzens anstreben, müssen wir uns zunächst zur Ebene des Wissens und der Kultur unserer Zeit „emporheben", und dann obliegt es uns, einen spirituellen Lehrer ausfindig zu machen. Aber die endgültige Befreiung und die Erfüllung kommen nicht von irgendeiner Person oder äußeren Gegebenheiten; vielmehr müssen wir die Sehnsucht in unserem eigenen Herzen wieder wahrnehmen. Durch dieses erneute Zusammenkommen wird die Sehnsucht erfüllt – was nicht nur uns, sondern auch anderen zugutekommt. Der Weg zu dieser Erfüllung erfordert das Studium eines spirituellen Weges und das Üben seiner Etappen. Hierfür benötigen wir einen Führer. Wenn wir aber das zu Lernende gelernt haben, müssen wir den letzten Schritt selbst tun. Wir sind allein, wenn wir geboren werden und wenn wir sterben – auch ein letzter Schritt. Aber bevor wir ihn effektiv alleine machen können, benötigen wir Wissen und Erfahrung. Sowohl in christlichen als auch buddhistischen klösterlichen Traditionen spricht man davon, dass neun Jahre in einer spirituellen Gemeinschaft zu leben die Voraussetzung für das Eremitendasein sind.

Nachdem er auch den zweiten Lehrer verlassen hatte, ohne dass sein Problem gelöst war, schloss sich der junge Bettelmönch einer Gruppe von strengen Asketen an, verließ diese aber bald, weil er erkannte, dass fortgesetzte Selbstquälerei für die Einsicht nicht förderlich ist. Da ihm keine weiteren Möglichkeiten offenstanden, fasste er jetzt den Entschluss, alleine weiterzumachen, komme, was da wolle. Er ließ sich im Wald nieder, und als es offenkundig wurde, wie hervorragend er in seinen asketischen Übungen war, schlossen sich fünf gleichgesinnte Asketen an und betrachteten ihn als ihren Lehrer. Die Zeit ging dahin und dem Asketen Gotama wurde klar, dass seine Übungen seinen Körper in einem solchen Ausmaß geschwächt hatten, dass er dem Tode nahe war. Das allein wäre nicht weiter bedeutungsvoll gewesen, aber er war bestürzt darüber, dass trotz all seiner Versuche und physischer Entbehrungen sein Problem noch immer ungelöst war. So entschloss er sich, all seine Kraft zusammenzuraffen und noch einen großen Versuch zu unternehmen. Hierfür nahm er eine Schale Reisgrütze von einem Vorbeigehenden an und begab sich dann auf zeremonielle Weise zum Fluss, um zu baden. Zu diesem Zeitpunkt verließen ihn die fünf Schüler und sagten: „Der Bettelmönch Gotama ist kein Asket mehr. Da er aß und ein Bad genommen hat, ist er zu einem Luxusleben übergegangen. Wie können wir solch einen Lehrer akzeptieren?" Jetzt war er gänzlich allein, ohne dass irgendetwas für ihn verblieb.

An dieser Stelle mögen wir wiederum verweilen und nachdenken. Er wurde zwar als Prinz geboren, war aber jetzt keiner mehr, weil er den Palast verlassen und auf sein Erbe verzichtet hatte. Was er danach aus eigener Kraft aus sich gemacht hatte – auserwählter Nachfolger von zwei berühmten Lehrern zu werden –, hatte er auch hinter sich gelassen, wie auch die Torturen der Asketen als Selbstzweck. Und jetzt waren sogar seine fünf Schüler davongegangen. Nichts blieb ihm mehr übrig, und so hatte er nichts mehr zu verlieren. Dies ist die unerschütterliche Haltung, das entscheidende Stadium auf dem spirituellen Pfad. Hier konnte er sich nun niedersetzen und tat dies auch, entschlossen, so lange sitzen zu bleiben, bis er Einsicht in die Verknüpfungen menschlichen Leidens gewänne oder sterben würde.

Was geschah, als das Große Wesen, das den Tod nicht mehr fürchtete, so allein dasaß? Mara, nicht der Teufel, sondern ein Gott, Herr dieser Welt der Begierde und des Anhaftens und so auch der große Versucher, erschien, um ihn von seinem Entschluss abzubringen. Nur vom begrenzten Standpunkt von „Ich" aus wird Mara als Dämon angesehen, der das Rad von Samsara in seinen Klauen hält.

Mara erschien, um den Entschluss des Großen Wesens zu erschüttern, das jetzt nicht einmal mehr ein Asket war, sondern über Ich „hinausgegangen" war und gelobt hatte, nicht eher aufzustehen,

19

bis sich eine Lösung ergab. Mara mag nicht nur als „Versucher", sondern auch als Ermittler gesehen werden, der gekommen war, um zu prüfen, ob es noch eine Spur von „Ich" in dem Großen Wesen gab, für das sogar der Tod seine Bedeutung verloren hatte und welches nur etwas ergründen wollte. Er prüfte nun nach – ist das wirklich wahr? Besitzt es wirklich die unerschütterliche Haltung? Mara flüsterte: „Du hast genug getan; das edle Leben ist gelebt – es ist jetzt Zeit, junger Mann, nach Hause zu gehen, deine Pflicht zu tun und dein Erbe anzutreten." Oh ja, Mara kann sehr überzeugend sein und sich sehr vernünftig und anständig anhören! Aber das Große Wesen stand wahrlich darüber und blieb unangefochten.

Mara griff dann auf körperliche Versuchungen zurück und schickte seine sinnlichen Töchter aus, um das Große Wesen unter dem Bo-Baum zu entflammen und zu verwirren und seinen Entschluss ins Wanken zu bringen. Nun ja, Maras Töchter sind unwiderstehlich verführerisch, und wenn das Große Wesen ein gewöhnlicher Mann gewesen wäre, so wäre er von ihrem Anblick geblendet worden. Aber in tiefer Meditation „verloren", nahm er keinerlei Notiz von ihnen, so sehr sie sich auch bemühten. Also zogen sie sich zurück.

Welche Lehre können wir daraus ziehen? Wenn nicht einmal mehr das grundlegende Verlangen nach Leben seine Wirkung ausübt, was für eine Beziehung gibt es dann noch zum normalen Alltagsleben? Durch die Übung im Alltag werden wir daran gewöhnt, uns vollständig hineinzugeben und eins mit dem zu sein, was gerade zu tun ist. Dann gibt es kein Ich-Bewusstsein mehr und daher auch kein Verlangen, gleichgültig, wie verführerisch ein Gegenstand auch sein mag. Aber darüber hinaus gibt es immer noch etwas, das uns plötzlich überkommen kann; nach unserer Erfahrung kennen wir es als Angst, die plötzlich scheinbar von irgendwoher auftauchen kann.

In unserer Geschichte wird dies durch Mara illustriert, der jetzt seine Strategie ändert und seine Schar von Dämonen schickt, um das reglose Große Wesen zu erschrecken und zu ängstigen. Aber dieses blieb einfach sitzen und schenkte ihnen keine Beachtung. Wenn wir wirklich in den Augenblick hineingegeben sind (glaubt nicht, es müsse notwendigerweise in die Meditation sein), dann sind wir wahrlich und mit ganzem Herzen „eins" mit dem, was hier und jetzt zu tun ist. Derartig „hineingegeben" können weder Wünsche noch Angst den Übenden heimsuchen; wenn er aber nicht „hineingegeben" ist, wird er zwangsläufig zur Beute von Lust und Angst. So zog sich Mara mit seiner Schar zurück, da auch seine Dämonen erfolglos waren, und die Geschichte fährt mit ihrem Bericht fort, wie das Große Wesen die Nachtwachen hindurch weiter sitzend verharrte, wobei sich die Einsicht immer weiter eröffnete. Nach Nördlicher Tradition tauchte der Gotama früh morgens aus seiner tiefen Versenkung auf und erblickte beim Aufschauen den Morgenstern, der am mit Sternen übersäten Winterhimmel funkelte und „erwachte": Er war Buddha geworden. Die fernöstliche Tradition feiert dieses „Erwachen" am achten Dezember.

Wenn ein Sinneseindruck auf ein Herz trifft, welches „rein geworden" ist, d.h. leer von täuschenden Schattenspielen, dann „öffnet" es sich gleichsam durch die Wucht des „Aufpralls" und bewirkt ein Erwachen aus der Einengung von „Ich". Dies führt zu einer radikalen Veränderung der Wahrnehmung, in deren Licht man die Dinge jetzt so erkennt, wie sie wirklich sind. Also besteht Erleuchtung darin, die Dinge so zu sehen, wie sie eben sind.

Das Wesen, das Buddha wurde, der Erwachte, war sich klar darüber, dass das von ihm Gesehene und Erfahrene nicht mitteilbar war, weil es vollständig außerhalb von dem liegt, was „Ich" mir vorstellen kann. Es kann aber als das Erbe, das uns alle „in-formiert", durch Übung erfahren werden. Die Etappen im Leben des Buddha zeigen, was für dieses mühsame Unternehmen nötig ist. Der Weg zu dieser Einsicht ist damit vollständig und klar aufgezeichnet, so dass wir nur den Wegweisern folgen müssen. Jedoch kann das Gehen durch das Übergewicht von „Ich" manchmal unbequem sein!

Da sich der Buddha darüber im Klaren war, dass diese Einsicht nicht übermittelt werden konnte, blieb er sitzen und hielt Ausschau in unterschiedliche Richtungen, wobei er Überlegungen darüber anstellte, was zu tun war, um anderen zu derselben Einsicht zu verhelfen – daher die beiden Bezeichnungen des Buddha als All-Wissender und All-Mitfühlender. Echte Weisheit ist ohne Mitgefühl nicht möglich und echtes Mitgefühl nicht ohne Weisheit. Sie sind

21

wie Handfläche und Handrücken, lediglich unterschiedliche Aspekte voneinander.

Laut Überlieferung sah der Buddha trotz all seiner Bemühungen keine Möglichkeit, anderen seine Einsicht darzulegen, was den großen Gott Brahma selbst dazu bewegte, zu erscheinen und den Buddha aufzufordern, zumindest „diejenigen zu unterweisen, deren Augen nur geringfügig mit Staub bedeckt sind". So machte sich der Buddha daran, „von göttlicher Seite ermutigt", den Weg aufzuzeigen, dem andere folgen könnten – durch dieselben Etappen hindurch mit dem Ziel derselben Einsicht. Er erkannte, dass Letzteres eigentlich nichts Neues war, etwas, das niemals zuvor gesehen oder gefunden worden wäre, und beschrieb es als „Wiederentdeckung eines alten Weges, der zu einer alten Stadt führt". Den Weg zu ihr hin zeichnete er nochmals auf, so dass er sicher begehbar wurde. Diese „alte Stadt" ist das menschliche Herz – das Herz, welches wir alle haben und welches uns allen gemeinsam ist. Es ist mein Herz, dein Herz, unseres – das menschliche Herz; es gibt keine Unterschiede. Und wenn wir uns bemühen, den Fußspuren des Buddha zu folgen, gehen wir nicht irgendwohin dem Sonnenuntergang entgegen. Wir sind eigentlich auf dem Weg nach Hause, um unser eigenes Herz wiederzuentdecken, welches nicht nur „meins" allein, sondern wirklich menschlich ist, mit menschlicher Wärme und Mitgefühl.

Nach seinem Erwachen machte sich der Buddha dann in Weisheit und Mitgefühl auf den Weg, durchwanderte den ganzen Nordosten Indiens, und in den folgenden neunundvierzig Jahren seines langen Lebens lehrte er und wies allen den Weg, die zu ihm kamen. Niemandem drängte er seine Einsicht auf und sagte auch nicht: „Kommt her, ich verkünde den einen und einzigen Weg!" Aber den Interessierten und Suchenden erklärte er den Weg und war bald von einer Gemeinschaft von Gefolgsleuten umgeben; unter ihnen befanden sich sowohl Laien als auch Mönche, die in den von ihm gegründeten Orden aufgenommen worden waren. Seine Lehren breiteten sich nach seinem Tode weiterhin aus. In den ersten Jahrhunderten nach seinem Ableben wurden diese mündlich übermittelt, und ihre früheste Aufzeichnung darf mit ausreichender Sicherheit als seine ursprünglichen Lehren angesehen werden. Diese enthalten auch Geschichten und Gleichnisse, die so einfach erscheinen, so alltäglich, dass wir geneigt sind zu glauben, sie seien an ungebildete Bauern vergangener Jahrtausende gerichtet, und dass wir heute ganz anders sind. Wenn wir aber sorgfältig über diese Geschichten nachdenken, entdecken wir ihre Tiefe und weitreichende Bedeutung für unser alltägliches Leben.

Wenn wir im Leben den unvermeidlichen ernsten Schwierigkeiten begegnen, die in der menschlichen Erfahrung ständig vorhanden sind, dann kann manchmal plötzlich und ungebeten eine dieser Geschichten auftauchen, die zu unserem besonderen gegenwärtigen Bedürfnis gerade passt und einen Ausweg aufzeigt. Sie zeigt uns außerdem noch, dass das Problem, welches wir für unser ganz spezielles hielten, eigentlich ein sehr allgemeines ist. Dieses Gefühl der Gemeinsamkeit von menschlichem Kummer und Leiden ist die wahre Quelle allen Mitgefühls. Äußerungen wie „ich will nicht", „mein Schmerz" usw. rufen tiefe Verbitterung hervor. Warum muss dies gerade mir zustoßen? Warum gerade jetzt? Gerade dieses „Warum nur Ich!?" scheint aus gutem Grund unerträglich zu sein. Wenn wir nur sehen könnten, dass wir es nicht allein sind, dass Verlust und Schmerz, Kummer und Enttäuschung, kurz gesagt, dass Leiden konstant zur allgemein menschlichen Erfahrung gehört, und dass wir alle zu gegebener Zeit unter solchen Dingen zu leiden haben – was dann? Vielleicht kann sich daraus die Erkenntnis entwickeln, dass es trotz Freude und Glück auch Leiden, oft sogar großes Leiden gibt. Daraus entsteht wiederum ein warmherziges ergreifendes Bewusstsein des Mitleids mit diesem unserem menschlichen Zustand, an dem wir alle teilhaben. So verwandelt sich die Verbitterung von „Warum nur ich!?" in die Erkenntnis: „Aber das betrifft uns ja alle!", und so entstehen Mitleid und ein Streben, den Leidensgefährten behilflich zu sein.

Gleichnisse und Lehrgeschichten aller spirituellen Traditionen zeigen dies auf verschiedene Weise, aber stets kommt es zu der großen Einsicht: „Ich bin in meinem Schmerz nicht allein!" Ja, im jetzigen Augenblick mag es mir so erscheinen, als ob ich allein bin, „ich allein" der Hinterbliebene, bin leidend, von Sorgen heimgesucht.

Aber schaut euch nur um. Bin ich wirklich allein in dieser weiten Welt? Und morgen geschieht anderen wiederum das Gleiche. So entsteht aus der eigentlichen gelebten Erfahrung des Leidens heraus, die uns allen gemeinsam ist, die treibende Kraft, eine helfende Hand auszustrecken und jemandem zu versichern: „Ich weiß, was du fühlst, denn ich habe es auch durchgemacht, und so kam ich wieder heraus. Es gibt einen Weg, es ist nicht hoffnungslos, komm, lass uns gemeinsam versuchen, was wir machen können." Wäre eine solche Haltung nicht rundherum hilfreich? Wir müssen keine strahlenden Buddhas werden. Wir wissen nicht, wie weit wir auf dem Buddha-Weg gehen werden, aber wir können alle zu einem solchen wirklich menschlichen Verständnis und Mitgefühl gelangen. Ist es nicht ausreichend, wenn wir in unserem eigenen Familienkreis der Situation und den Umständen ein wenig Wärme und guten Willen entgegenbringen? Mit dieser Gesinnung beginnen wir mit dem Übungsweg.

Kapitel II

Die Lehren

Wenn wir uns die einzelnen Etappen der Übung oder des Trainings im Leben des Buddha vor Augen führen, stellt sich die Frage, worin der eigentliche Unterschied zwischen Buddhismus und westlichem Gedankengut liegt.

Für uns ist die Vorstellung einer nicht-theistischen Religion nur schwer zugänglich, da doch eine Religion sicherlich etwas mit Gott zu tun haben muss, zumindest mit irgendeinem Gott oder mehreren Göttern. Im Buddhismus hingegen finden wir keinen Schöpfer, keine Offenbarung, keinen Glauben und auch keine Gebote. Man könnte die buddhistische Praxis als Experiment ansehen, welches mit uns durchgeführt wird, aber das wäre ein Fehler, denn in ihr liegt viel, viel mehr.

Die Lehren sind vergleichbar mit Wanderkarten für einen bestimmten Weg, der von dem Übenden selbst zu begehen ist. Dieser Weg ist gut ausgeschildert und damit klar gekennzeichnet. Es gibt jedoch einige Voraussetzungen für das erfolgreiche Begehen dieses Weges.

Ebenso wie das neugeborene Kind zu wachsen beginnt und solange weiter wächst, bis der Erwachsene sein körperliches Wachstumspotential abgeschlossen hat, so ist auch das Kind damit „informiert", durch die „innerlichen" Etappen hindurch zu wachsen, d.h. psychologisch, religiös und spirituell. Letztlich genanntes Wachstum, einstmals die Domäne von Erziehung und Religion, wird immer stärker vernachlässigt oder beeinträchtigt. Dieser Bereich ist die Parallele zu den Erfordernissen des körperlichen Wachstums, und tatsächlich ist er nur dessen „andere Seite", welche in einer uns angeborenen Sehnsucht wirksam ist. Sie bewegt das menschliche Herz und lässt es in seiner Entwicklung durch die relevanten Stadien hindurch nach Erfüllung streben. Sie beginnt mit der kindlichen Annahme, dass sich alles um „mich" dreht, und durchläuft danach die Etappen des Heranwachsens durch Kindheit und

25

Pubertät hindurch bis zur voll entwickelten Statur des erwachsenen Menschseins.

Die Lehren des Buddhismus haben mit diesem Reifen der Persönlichkeit zu tun und führen zu einer Befreiung von den einengenden Fesseln der Kindheit. Ein kindliches „Ich" verlangt nur und schreit, verkennt das Verlangen seines eigenen Herzens als Gegenstände der Außenwelt – den schimmernden Ball oder die lärmende Rassel. So gewinnt die Täuschung die Oberhand: mehr, größer, schneller, besser, lauter, verzückter oder was auch immer, und wir haben nicht den Mut, innezuhalten und hinzuschauen, was uns derartig antreibt – wir sind unzufrieden mit dem, was ist, und unser Verlangen richtet sich auf alles nur Mögliche. Allzu häufig ist Letzteres durch eine Vielfalt von Überzeugungen überdeckt, welche umso hartnäckiger werden, je stärker der zugrunde liegende Wunsch oder Drang ausgeprägt ist.

Dies wird in der ersten Lehre des Buddha dargelegt: „Das Haus steht in Flammen und brennt in den Feuern des Verlangens, des Hasses und der Täuschung. Ein solches Haus ist keine Wohnstätte." Und wie ein guter Arzt stellt er die Diagnose: 1) Es gibt diesen grundlegenden Drang; obwohl er aufgrund der Täuschung missverstanden wird, existiert er doch tatsächlich, lässt uns keinen Frieden und führt kurz gesagt zu einem Zustand von Unwohlsein. 2) Die zu Grunde liegende Ursache unseres Unwohlseins ist das unstillbare Verlangen nach etwas. 3) Wie stark dieses Verlangen auch immer sein mag, es kann befriedigt werden – nicht durch Erlangen des gewünschten Gegenstandes, sondern durch Einsicht in den Wunsch selbst. Und eben diese Einsicht in den Wunsch kann erreicht werden durch 4) einen Trainingsweg und das Unternehmen, diesen Weg Schritt für Schritt zurückzulegen.

Als die **Vier Edlen Wahrheiten** bekannt, bilden sie das Fundament des gesamten Buddhismus, gleich welcher Schule. Sie sind das Leiden, die Ursache des Leidens, die Beendigung des Leidens und der Weg, der zu diesem Ende führt. Um den zukünftigen Gehenden vorzubereiten und seine Schritte zu beschützen, gibt es zwei Voraussetzungen: Reue und Zufluchtnahme. Da beide heutzutage nicht mehr allzu gut ankommen, bedürfen sie der Klärung.

26

Das Bereuen von etwas, was wissend oder unwissend begangen wurde, hilft mir aus meiner oft ganz unbewusst angenommenen Arroganz heraus, der Haltung von „ich weiß" oder „wir wissen". Dieses Wissen wird gleichsam als Gesetz verkündet, als ob wir allwissend wären – was wir mit Sicherheit nicht sind. Reue verweist uns auf unseren Platz zurück und lässt uns erkennen, dass wir nicht die Alleswisser sind, wie wir es von uns glaubten. Darüber hinaus werden wir daran erinnert, dass wir in dieser Welt nicht allein sind, und so kann uns die Reue rücksichtsvoller anderen gegenüber machen, sogar wenn diese „anders" sind als ich oder wir. Wir lernen also Demut und Toleranz – welche keinesfalls ein Hindernis für klares Sehen sind. Zum ersten Mal können wir dann eine leise Ahnung vom Unterschied zwischen eben dem klaren Sehen und den Verzerrungen eines „Ich-Sehens" bekommen, welches stets durch meine Vorlieben, Überzeugungen und Meinungen gefärbt ist.

Die Zufluchtnahme wird wirkungsvoller in einem solchen nüchtern gewordenen Zustand. Immer wieder werden wir an den Führer erinnert, den Buddha, der selbst den Weg gegangen ist, und auch an seine Lehren, welche den Weg weisen, den er selbst gegangen ist, und an die Gemeinschaft – gebildet aus Gefährten auf der Pilgerschaft, die einander auf dem Wege hilfreich zur Seite stehen. So rezitieren wir die drei Großen Zufluchtnahmen. „Wir nehmen Zuflucht zum Buddha; wir nehmen zu seiner Lehre Zuflucht; wir nehmen Zuflucht bei denen, die diesen Weg gehen."

So unterstützt und geführt, können wir sicher „über Ich hinaus" weiterschreiten, zum Wohle aller Lebewesen, und gelangen in der Klarheit und Wärme unseres menschlichen Herzens wieder nach Hause.

Die *Fünf Grundlegenden Anstandsregeln* werden gewöhnlich mit den Zufluchtnahmen zusammengenommen, die eigentlich nichts anderes als Richtlinien für normales menschliches Verhalten sind. Grundlegend für den Buddhismus ist, dass es sich dabei nicht um Gebote, kein „du musst", sondern um Erfordernisse für das Begehen des Buddha-Weges handelt. Es bleibt mir überlassen, ob ich sie annehme. So verspreche ich förmlich, nicht zu töten, zu stehlen, zu lügen, keine Promiskuität auszuüben und keine Rauschmittel zu genießen. Ich mache mich nicht strafbar, wenn mir dies nicht gelingt – natürlich ist das weltliche Recht davon ausgenommen. Aber ich muss unausweichlich die Konsequenzen tragen, wenn ich sie entweder einhalte oder wenn mir dies nicht gelingt – dies wird Karma genannt. Der Begriff „Karma" ist sehr kompliziert und wird später ausführlicher erörtert. Hier begegnet es uns in seiner einfachsten Form, die leicht als Ursache und Wirkung verstanden werden kann.

Es gibt jedoch noch einen anderen und fast vergessenen Aspekt dieser Zufluchtnahmen. Da ich beispielsweise trotz der starken Versuchung vom Stehlen Abstand nehme, verhindert diese Zurückhaltung nicht nur die unerfreulichen Folgen, einen Diebstahl begangen zu haben, sondern die Zufluchtnahmen halfen mir zugleich dabei, dieser Versuchung zu widerstehen. Sie haben sich so als „humanisierende" Unterstützung erwiesen. So fördern die Zufluchtnahmen und die damit verbundene willentliche Zurückhaltung innere Stärke, die spirituelle Kraft, nicht den augenblicklichen Impulsen oder den modischen Launen und Gelüsten nachzugeben und daher auch die Kraft, sogar bei ungünstigen Bedingungen meine Pflicht auszuüben, kurz gesagt, mich wie ein vertrauenswürdiger, verantwortlicher und rücksichtsvoller Mensch zu verhalten.

Damit hat dann der Möchtegern-„Entdecker" das Rüstzeug, den Weg zu betreten, der in der Vierten Edlen Wahrheit skizziert wird. Aber vor dem eigentlichen Gehen tut er gut daran, eine noch genauere Karte zu studieren und Bilanz zu ziehen.

Die **Drei Daseinsmerkmale**, auch die Drei Kennzeichen der Existenz genannt, finden sich in allem, was existiert. Sie sind Vergänglichkeit, Leiden und Nicht-Ich. Vergänglichkeit ist in dem Sinne zu verstehen, dass sich alles verändert. Die Geschwindigkeit der Veränderung ist unterschiedlich, wie es die Beispiele einer Eintagsfliege und eines Millionen Jahre alten Berges zeigen, nichts hat für immer Bestand. Was zusammengekommen ist, fällt wieder auseinander. „Das Erscheinen und Vergehen" ist das, was der Buddha seinen Worten zufolge erkannt hat. Wir haben die Tendenz, solche Äußerungen als negativ zu bewerten, aber abgesehen davon, dass sie zutreffend sind, warnen sie uns davor, uns nicht zu stark an irgendetwas zu binden, denn dessen unausweichlicher Niedergang wird uns viel Schmerzen bereiten. Eine frisch erblühte Rosenknospe – wie schön ist sie doch anzuschauen, und wie sie duftet! Wir erfreuen uns an ihr, können sie abpflücken und ins Haus bringen, als Geschenk überreichen oder auf den Altar stellen, wir erwarten jedoch nicht, dass sie beständig so bleibt, nicht wahr? Aber die Tatsache, dass sie in ein paar Tagen verblüht sein wird, vermindert nicht unsere Freude, solange sie blüht. In unserer täglichen Welt mit Tag und Nacht, Sommer und Winter usw. sehen und erleben wir diese Veränderung wohl oder übel. Vielleicht nehmen wir deshalb an – fälschlicherweise, versichert uns der Buddha – dass der Beobachter dieser Veränderung, nämlich „Ich", eine Entität in sich selbst ist und auch hoffentlich eine beständige. Jedenfalls empfinden wir uns – jedes Ich tut das – als unverletzliche Einheit, klar unterschieden und getrennt von allem sonstigen, umschlossen von einer eigenen Haut – das Innere gehört allein „mir". In ähnlichem Sinne gehören mir dann auch mein Besitz, meine Eltern, Ehepartner, Kinder, Gesundheit, Haus, Wille usw. So neige „ich" dazu, in meiner Wertschätzung zu wachsen, und je größer ich werde, umso sicherer fühle ich mich oder glaube, mich so fühlen zu müssen. Tatsächlich jedoch habe ich umso mehr zu verlieren, je größer ich werde, und das führt zu Angst. Deshalb wird jede Art von Verminderung, angefangen beim Verlust von Eigentum bis hin zu Zahnschmerzen, als Verstoß gegen „meine Rechte", gegen „das, wie es eigentlich sein sollte" empfunden und als unangenehm und schmerzlich erlebt.

Für all diese Unbeständigkeit kann das gesunde Realisieren, dass nichts von Dauer ist, ein großer Trost sein. Eine alte Geschichte aus Indien kann dies verdeutlichen. Ein Raja, der auf der Höhe seiner Macht angelangt war, rief einen berühmten Goldschmied zu sich und bestellte bei ihm ein Schmuckstück. Dies sollte ihm in widrigen Umständen Trost spenden und zugleich Stolz und Überheblichkeit bei Triumphen von ihm fernhalten. Nach einem Jahr brachte ihm der Künstler einen ganz gewöhnlichen Goldring. Der aufgebrachte König war kurz davor, ihn hinrichten zu lassen, wurde aber gebeten, den Ring genauer anzuschauen. Und in dessen Innenfläche war in schöner Devanagari-Schrift eingraviert: „Es wird vorbeigehen".

29

Eine Begleiterscheinung der Unbeständigkeit besteht darin, dass auch ich dieser Veränderung unterworfen bin und nicht für immer hier bin. Dies soll keine Erinnerung an den Tod sein – weit davon entfernt. Der Buddhismus ist keinesfalls eine negative Religion, sondern ist sehr positiv, wie man es der Verkündigung des Buddha entnehmen kann: „Ich lehre das Leiden und den Weg aus dem Leiden heraus".

Stimmt diese Aussage bei näherer Betrachtung, dass es wirklich kein Ding wie ein unabhängiges Ich gibt? Gibt es ein eigenständiges, kontinuierliches Wesen, abgesondert von allem, was „anders" ist? Wo ist das Kind geblieben, das mit seinem Lieblingsspielzeug spielte? Wo ist das Spielzeug? Wenn es dem Kind früher so viel bedeutet hat, warum dann jetzt nicht mehr? Kann ich mich an eine Zeit erinnern, als ich das Spielzeug beiseitelegte und sagte: „Ich werde niemals wieder mit dir spielen"? Natürlich nicht – eine solche Zeit gab es nicht. Nur verlor das geliebte Spielzeug beim Heranwachsen seine Anziehungskraft. Nicht verloren ging jedoch die Anziehungskraft selbst, welche sich jetzt an einem Gegenstand festmacht, der für den heranwachsenden Teenager, für seine Zeit und Umgebung geeigneter ist.

Nicht-Ich ist das zweite der Drei Daseinsmerkmale. Für den jetzigen Zeitpunkt belassen wir es dabei, wobei wir aber bemerken, dass ich mir eines „Ich" nur im Sinne von Mögen und Verabscheuen, Vergleichen und Beurteilen bewusst bin. Wenn ich mich aber mit etwas Interessantem beschäftige, mit einem Hobby oder einem Buch, ist es wahrscheinlicher, dass ich ganz „darin" oder „dabei" bin und mich an diesem „Einssein" erfreue. Dies steht hinter dem Verlangen, „aus mir heraus" oder „über mich hinaus" gebracht zu werden. Wir alle sehnen uns nach einem solchen Einssein, welches mit der Befreiung von den Bindungen von „nur ich" gleichzusetzen ist, so dass wir, als jetzt vollständige menschliche Wesen, an dem teilnehmen können, was ist. Wir müssen aber auf der Hut sein, weil diese Sehnsucht, wenn sie fehlgeleitet ist, stark regressive Züge annehmen kann. Religiöse und kulturelle Richtlinien verleihen diesem Verlangen Gestalt und Form zur weiteren Ausbildung. Wenn solche Vorbilder fehlen, dann strömt ihre Kraft zurück (oft durch künst-

30

lich herbeigeführte Rauschzustände – Drogen, „Raves", New Age-Kulte) in Massenemotionen hinein mit ihren elementaren, unmenschlichen Zügen, die in unserem Zeitalter leider so stark vertreten sind.

Das dritte der Drei Daseinsmerkmale, *das Leiden*, wird durch eine grundlegende Täuschung verstärkt, die sich dem angeborenen Drang oder der Sehnsucht überlagert. Wie wir es nennen mögen, ob genetisches Gesetz, Erfordernis für Wachstum oder Karma, ist letztlich belanglos. Ob es uns zusagt oder nicht, immer stehen wir unter dem Einfluss dieser Sehnsucht und folgen ihr wohl oder übel, wobei wir unbedingt irgendein „Bild" von dem benötigen, was ist, oder wonach „wir" entweder streben oder wogegen „wir" uns auflehnen! Wir alle verfügen über solche individuellen oder kollektiven Bilder, die wir selbst in Abhängigkeit vom kulturellen Hintergrund, von Erziehung, Zeit und Lebensalter gestalten. Selbstverständlich können wir nicht immer das haben, was wir möchten. Wenn wir aber durch die „Feuer entflammt" sind und einen Gegenstand oder ein Ziel „außerhalb" sehen, können wir nicht umhin, uns darum zu bemühen, es uns anzueignen oder einzuverleiben. Dies wird uns dann für immer, wie wir törichterweise glauben, glücklich und zufrieden machen. Tatsächlich ist dieses „Verlangen" aber unstillbar (daher auch „Leiden"), weil es fehlgeleitet ist. Nichts, was von „außen" her erworben wird, kann bleibende Befriedigung bringen; es führt unausweichlich dazu, dass wir einer Steigerung, also etwas Besserem, Schnellerem, Größerem usw. hinterherjagen. So fesseln wir uns selbst an unsere Bilder und bleiben hartnäckig an ihnen hängen. Sie sind jedoch alle lediglich Bilder unserer eigenen Schöpfung, also wir selbst. Dies ist die grundlegende Täuschung, unter der wir leiden, das erste Glied in der Zwölfgliedrigen Kette der Bedingten Entstehung. Diese grundlegende Täuschung treibt uns dazu, „uns etwas anzueignen", entweder durch Besitz des Gegenstandes – Macht; oder indem wir es uns einverleiben – Verlangen. Was wir uns nicht „aneignen können", fürchten wir und sind bestrebt, es loszuwerden oder zu zerstören.

An sich liegt darin nichts Schlechtes. Diese zwei Kräfte beherrschen das gesamte beseelte Leben. Sie sind weder gut noch schlecht, sie sind einfach da – man stellt sie sich am besten als natürliches Gesetz vor, als Aspekte des immer wiederkehrenden Abwechselns von Schöpfung und Zerstörung, Entstehen und Vergehen. Die großartigen Tierfilme, die wir im Fernsehen anschauen können, zeigen diese Aspekte des beseelten Lebens sehr klar. Wir können uns auf die Seite des hungrigen Löwen stellen, der selbst nur noch Haut und Knochen ist, es mit letzter Kraft geschafft hat, eine schöne saftige Gazelle zu erbeuten – oder mit der Gazelle bei ihrem letzten Stöhnen sympathisieren, bevor der Löwe sie verschlingt. Das natürliche Gesetz hält beide im Gleichgewicht.

Aber wir Menschen haben ein Bewusstsein entwickelt und uns nach westlich religiöser Anschauung durch Ungehorsam aus dieser natürlichen Unschuld herauskatapultiert. Nur auf uns selbst zentriert und mit Vorurteil belastet ergreifen wir Partei und begründen unser Urteil mit dem, was für uns gut oder schlecht ist, und sind dadurch an etwas für uns Nützliches, Richtiges oder Wünschenswertes usw. gebunden. Wir haben uns also selbst aus dem Paradies vertrieben, wo sich der Löwe tatsächlich mit dem Lamm niederlegt, wenn sein Magen übervoll ist, wo aber auch das Lamm gut daran tut zu fliehen, wenn es einem hungrigen Löwen auf der Pirsch begegnet.

So stützen sich unsere Urteile auf Meinungen, welche unterschiedliche und gegensätzliche „Bilder" hervorrufen, wodurch unausweichlich ein Zwist entsteht. Da solche Konstrukte zudem noch dazu neigen, „unerreichbar", d.h. unrealistisch zu sein und lediglich Bilder des Verstandes sind, fühlen wir uns betrogen und unglücklich. Kurz gesagt, wir leiden unter unserem mutmaßlichen Versagen, diese ausgedachten Gegenstände zu erlangen oder loszuwerden, die unsere Wünsche oder Ängste bildlich darstellen. Ein solches Leiden ist schwer und im menschlichen Leben häufig anzutreffen. Es stellt das dritte der Drei Daseinsmerkmale dar. Buddhistisch ausgedrückt besteht Leiden darin, „nicht das zu haben, was man wünscht, das zu haben, was man nicht wünscht, getrennt zu sein von dem, was man schätzt und mit etwas Unerwünschtem zusammen zu sein".

Wenn man jetzt die erste der Vier Edlen Wahrheiten betrachtet, dann bildet das Leiden im menschlichen Zustand eine Konstante.

In den buddhistischen Lehren wird das Anhaften als Ursache des Leidens angesehen, wodurch wir getäuscht werden und nicht klar sehen. Unsere Sichtweise ist durch einen Schleier von „Bildern" getrübt.

Der Buddha zeigte, dass die Prämisse, auf der unsere Vorlieben und Abneigungen beruhen, falsch ist, da „Ich" lediglich eine Fiktion ist, und dass es tatsächlich nur ein ständig sich veränderndes Bündel oder eine Kombination der *Fünf Aggregate (Skandha)* gibt – Körper, Gefühl, Wahrnehmung, willentliche Gedankengebilde und Bewusstsein. „Ich" wird lediglich als ein Gedanke ohne Substanz oder Beständigkeit angesehen. So stürzt das ganze Kartenhaus von missverstandenen Ansichten und Meinungen bei der Erkenntnis in sich zusammen, dass „meine" Anhaftungen nur möglich sind, weil „Ich" mich selbst als Entität verstehe, die in etwa gottähnlich ist, also tatsächlich einer Art von Allmachtskomplex entspricht! Die Buddha-Lehre von Nicht-Ich zeigt, dass „mein" Leiden durch Anhaften an Dinge verursacht wird, die unbeständig und veränderlich sind, und es daher tatsächlich grundlos ist.

Im Buddhismus ist von sechs Sinnen die Rede, wobei Denken der sechste ist. Jedes Sinnesorgan hat sein entsprechendes Bewusstsein, um das Gewahrsein eines Gegenstandes auszulösen. Das Auge sieht Form und Farbe, das Ohr hört Geräusche usw. Ein jeder dieser fünf körperlichen Sinne verfügt über ein eigenes Bewusstsein. Und der sechste Sinn, das Denken, hat auch sein eigenes Bewusstsein, nämlich das des Denkens. Diese sechs Sinne bilden gemeinsam das Sinnesbewusstsein, das letzte der Fünf Aggregate. Von diesen sind die ersten drei unserem Verständnis leicht zugänglich. Es gibt den physischen Körper oder die Materie; dann folgen die sinnlichen Wahrnehmungen und Gefühle, die entweder angenehm, unangenehm oder neutral sein können. Sie entstehen in Abhängigkeit von Kontakt. Das dritte der Aggregate, die Funktion der Wahrnehmung, besteht darin, körperliche Gegenstände, „Dinge" wahrzunehmen. Dies darf nicht mit Gewahrwerden verwechselt werden, was eine Funktion von Bewusstsein ist, die im Buddhismus den sechsten Sinn darstellt, das Denken oder den Geist. In der buddhistischen Psychologie ist dieser Begriff viel umfassender – und steht mit an-

33

deren Formulierungen in Beziehung. Hier nehmen wir lediglich zur Kenntnis, dass von den oben genannten sechs Sinnen das entsprechende Bewusstsein sich ausschließlich auf ihr jeweiliges Objekt bezieht. Sowie das Auge Form und Farben sieht, entsteht das entsprechende Bewusstsein und fährt so fort bis hin zum „Geist-Denken-Gedanken" (Konzepte, Vorstellungen, Ansichten, „geistige Bilder").

Das Vierte Aggregat, willentliche Gedankengebilde, ist schwieriger zu verstehen. Es umfasst alle mentalen Funktionen mit Ausnahme der obig schon erwähnten Aggregate des Fühlens und der Wahrnehmung. Diese letzteren hängen von direktem Kontakt ab: z.B. unangenehm – erkannt als Zahnschmerz, erinnert und beim nächsten Mal wieder erkannt. Es gibt dabei keine willentliche Komponente, welche die oben erwähnten mentalen Gebilde charakterisiert. Gerade aus diesem Grunde rufen sie Karma hervor, wenn sie durch Parteiergreifen „angefeuert" werden (zu Handlungen, Worten oder Gedanken), und ursächlich durch Täuschung, d.h. durch das grundlegende Missverständnis ins Leben gerufen werden. Sie werden am besten als emotionale Impulse oder willentliche Absichten angesehen.

Da diese Gebilde aus vergangenen Eindrücken, Erinnerungen, Konditionierungen usw. bestehen, verzerren sie die reine Wahrnehmung und beeinträchtigen so das Bewusstsein. Wir haben aus bitterer Erfahrung gelernt, dass diese Handlungsimpulse ganz häufig willkürlich und so auch extrem verwickelt sind. So führen sie auch tatsächlich zu falsch verstandenen Handlungen und sind damit die hauptsächlichen Verursacher von Karma, die Folgen von willentlichen oder Ich-beabsichtigten Handlungen. Daraus ergibt sich dann das Verständnis, dass eine fehlende „Ich"-Entität alle weiteren Karma produzierenden Handlungen unterbindet.

In den Texten wird die Analogie eines Wagens für das Verständnis der Fünf Aggregate vorgeschlagen. Wenn dieser in seine Bestandteile von vier Rädern, Achse, Deichsel, Ladekörper, Sitze usw. zerlegt wird, wo bleibt dann der Wagen? Wir können zwar mit ihm fahren, aber er ist nur ein Gebilde aus unterschiedlichen Teilen und ist in sich selbst nicht existent. Die Einzelteile selbst sind vergäng-

34

lich. Dies ist auch für das zutreffend, was ich für „Ich" halte – eine vorübergehende Zusammensetzung von sich stets verändernden Teilen; eben diese Fünf Aggregate machen das aus, was wir ein menschliches Wesen nennen.

Bewusstsein kann man sich am besten als ein Gewahrsein vorstellen, und es unterscheidet sich von Wahrnehmung darin, dass es nicht nur der Sinneswahrnehmung per se gewahr ist – so kann das Auge mit einem sichtbaren Gegenstand in Berührung kommen, aber ohne Bewusstsein kann es darüber kein Gewahrsein geben. Dasselbe gilt für „Gegenstände" im mentalen Bereich, d.h. von Ideen, Gedanken usw. Dort besteht seine Funktion im Gewahrwerden und im Denken von Gedanken und Sammeln von Ideen usw. Ebenso wie bei den fünf körperlichen Sinnen von: Auge (Formen/Farben), Ohr (Geräusche), Zunge (Geschmack), Nase (Gerüche), Körper (Berührung) eine funktionelle Verbindung mit ihrem entsprechenden Bewusstsein vorhanden ist, so kann auch das Gewahrwerden von gedanklichen Bildungen nicht ohne ein begleitendes Bewusstsein entstehen. Diese Lehren werden dann in der Yogacara-Schule weiter entwickelt. Zunächst belassen wir es dabei.

Der Prozess von Karma und Wiedergeburt ist der grundlegende buddhistische Begriff, auf dem auch die letzten beiden Aggregate von Wille und Bewusstsein basieren. Der willentliche Aspekt der mentalen Formationen ist das Karma produzierende Mittel. In einem „befreiten" Wesen mischt sich der willentliche Faktor („mein" Wille etc.) nicht mehr ein, und so wird das Bewusstsein klar. Dies ist von vorrangiger Bedeutung im Prozess des Werdens. Bevor wir dies betrachten können, müssen wir bis hierher Bilanz ziehen.

Es sei nochmals wiederholt: Bei ihrem Zusammenfließen und in sich selbst verändern sich die Fünf Aggregate ständig, und so wird aus der Zusammensetzung des ganzen Bündels ein sich stets verändernder Strom, eine Aufeinanderfolge von unterschwelligen Bewusstseinsmomenten, die jeweils nicht länger als einen Augenblick anhalten! Vergleiche mögen müßig sein, aber man wird zwangsläufig an die Nuklear-Wissenschaft erinnert mit ihren herumschwirrenden sub-atomaren Teilchen, wo nichts statisch oder immerwährend ist. Alles befindet sich in Bewegung und folgt den innewohnenden Gesetzen mit sich stets ändernder Flussrichtung, welche als Musterbildungen zutage tritt.

Im Buddhismus ist der Körper nicht ganz das, was er zu sein scheint, sondern kann als eine Art von heißem Schlamm aufgefasst werden, in dem Gefühle aufbrodeln und wieder zerplatzen. Wahrnehmungen sind wie Trugbilder, die von wechselnden gedanklichen „Bildern" hervorgerufen werden, die dann ihrerseits wieder Handlungen ins Leben rufen. Unter ihrem Einfluss werden Aktionen vorgenommen, die eine Phasenverschiebung mit dem Muster aufweisen und so Karma hervorrufen. Unter derartigen Umständen ist Sinnes-Bewusstsein nichts anderes als eine Täuschung und damit hauptsächliche Ursache dafür, dass ich mich als abgetrennt von dem gesamten organischen Muster erlebe (als aus dem Paradies vertrieben). Leiden ist dann die Folge meiner falsch verstandenen Anhaftungen oder Ängste. Der Ausweg aus diesem Dilemma wird in den Buddha-Lehren dargelegt. Er führt hin zur Freude der bewussten Wiedervereinigung mit dem, was ist. Diese Wiedervereinigung darf jedoch nicht als das Zurücksinken in ein unbewusstes „Alles ist gleich" missverstanden werden. Vielmehr bedeutet es Einssein im Sinne einer bewussten Teilnahme, welche in der Entwicklung eine Bewegung nach vorn und keinesfalls ein regressiver Rückschritt ist.

Die grundlegende falsche Annahme (der Irrtum, dass es eine beständige Entität im Sinne von „Ich" gibt) kann behoben werden, und die Wiedervereinigung lässt sich durch sorgfältig geplante Übung erreichen. Diese Übung wird von den beiden Hauptflügeln des Buddhismus unterschiedlich beschrieben, obwohl sie doch im Grunde die gleiche ist. In der Südlichen Schule basiert sie auf dem Edlen Achtfachen Pfad, der vierten der Vier Heiligen Wahrheiten. In der Nördlichen Glaubensrichtung wird der Schwerpunkt auf die Sechs (oder Zehn) Paramitas gelegt.

Der Achtfache Pfad beginnt mit rechtem Verständnis, umfasst kreisförmig alle anderen Stadien und führt zu dem jetzt vollendeten rechten Verständnis zurück, welches gleichsam „über das hinausgegangen ist", was ich tun oder mir vorstellen kann. Die acht Stadien des Edlen Pfades sind im Einzelnen: rechtes Verstehen, rechtes Denken, rechte Rede, rechte Handlung, rechter Lebensunterhalt,

36

rechte Anstrengung, rechte Achtsamkeit, rechtes Eins-Sein. Die Vollendung des rechten Verstehens ist selbst die Einsicht in die Art, wie alle Dinge wirklich sind – welches die Einsicht des Buddha ist. Die Auflösung der Ich-Täuschung ist auch die Grundlage für das Paramita-Training. Die Sechs Paramitas, welche alle über Ich „hinausgehen" sind: Geben, Zurückhaltung, Geduld, Energie, Meditation und Weisheit. Obwohl Weisheit als solche nicht vermittelbar ist, gipfelt sie in der Befreiung von der grundlegenden Ich-Täuschung und daher von Furcht. Gerade hierin liegt das Ende allen Leidens, welches „Ich" erfahren kann – und ermöglicht es, sich allen Wesen erneut zuzuwenden.

Die Drei Feuer. Unterschiedlich von der westlichen Auffassung enthält nach buddhistischer Sichtweise der „gedankliche Bereich" (die vier letzten Aggregate) sowohl das Denken als auch emotionale Komponenten. Da wir „Verstand" nicht mit Emotionen verbinden, neigen wir dazu, die Wirksamkeit des Buddhismus lediglich im rationalen Bereich zu sehen und erwarten folglich, dass die empfohlene Übung dasselbe tut. So geraten wir in Konflikt mit inhärenten emotionalen Energiemustern, die wir unterdrücken oder von denen wir uns irgendwie zu distanzieren versuchen, wobei ihre Transformation verhindert wird. Es ist daher hilfreich, den ursprünglichen Begriff als Herz/Geist (chin. *hsin*) zu verstehen und ihn so zu übersetzen, damit sowohl sein emotionaler Aspekt als auch der rationale erhalten bleibt.

Zusammenfassend: Wenn wir von Emotionen oder Leidenschaften sprechen, so besitzen sie oder sind vielmehr eine überwältigende Kraft, welche man sich am besten als „psychische Energie" vorstellt. In den buddhistischen Lehren werden diese Leidenschaften als Plagen angesehen, vergleichbar mit Gift oder loderndem Feuer. Als Energie sind sie die hauptsächlichen Anstifter, welche Handlungen als Antwort auf Kontakte entweder mit der Außen- oder der Innenwelt erzwingen. Die Drei Feuer sind: Verlangen, Hass/Bosheit, Täuschung/Nichtwissen. Von diesen dreien haben wir Verlangen und Hass schon als Anhaftung und Ablehnung kennengelernt. Beide rufen entsprechende Handlungen hervor. Sie entspringen aus einer gemeinsamen Quelle, können nur dann ins Leben treten und auflodern, wenn es die Vorstellung einer spezifischen Einheit „Ich" gibt im Gegensatz zu und ausschließlich von „du" und „es", und zu allem, was nicht „Ich" ist.

Wie schon erwähnt, hat in den Buddha-Lehren die Tatsache eine Schlüsselstellung inne, dass es in dem Bündel der Fünf Aggregate kein abgetrenntes „Ich" gibt. Der Glaube an eine vorgestellte Entität „Ich" hat Leiden zur Folge, ausgedrückt in der Ersten Edlen Wahrheit. Diese Leiden werden als das Ergebnis meiner Wünsche, meines Hasses und der Ängste betrachtet, welche als Feuer auflodern und Leiden erzeugen. Nochmals: was ich für „Ich" halte, ist lediglich ein zeitlich begrenztes Gebilde der Fünf Aggregate. Ich halte mich in meiner Täuschung für eine Einheit und habe folglich unter meinen gleichfalls irrtümlichen und daher unerreichbaren Anhaftungen zu leiden. Daher ist das Leiden zusammen mit Vergänglichkeit und unbeständiger Entität (Nicht-Ich) Kennzeichen allen Seins. Sie sind die Drei Daseinsmerkmale oder Kennzeichen von allem, was existiert. So berichten es die Lehren und nehmen darauf Bezug – dasselbe Muster erscheint immer wieder – und spiegeln damit dieselbe Wirklichkeit wider, nämlich die Art, wie alle Dinge wirklich sind.

Karma und Wiedergeburt. Ein schon flüchtig erwähnter Begriff bildet ein weiteres der Hauptthemen der buddhistischen Lehre, einer, der am häufigsten missverstanden wird – Karma und Wiedergeburt.

Wie schon erwähnt wurde, ist ein menschliches Wesen aus den Fünf Aggregaten zusammengesetzt. Das Vierte Aggregat, willentliche Gedankengebilde, ist das, was Karma erzeugt.

Karma bedeutet wörtlich Tun, wobei besonders beabsichtigte wie auch impulsive Handlungen und deren Folgen gemeint sind. Allzu leicht kann Karma irrtümlich als ein starres, fatalistisch betrachtetes Gesetz von Ursache und Wirkung angesehen werden. Aber das trifft nicht zu, denn es ist ein komplexer und tiefgehender Begriff. Eine stark vereinfachte Analogie könnte das Herabfallen eines Apfels vom Baum sein, der fällt, weil er eben reif geworden ist. Da er hiermit einem natürlichen Gesetz des Heranreifens und der Schwerkraft gehorcht, hat das Abfallen vom Baum nichts mit Kar-

38

ma zu tun. Wenn du aber unter dem Baum sitzt und ich von „hoch oben in den Ästen" einen Apfel auf deinen Kopf werfe, habe ich eine bewusste, beabsichtigte und willentliche Handlung durchgeführt, die früher oder später karmische, mehr oder weniger komplexe Folgen nach sich ziehen wird. Weiterhin sind karmische Konsequenzen äußerst treffsicher. Ein ungefähr entsprechendes Äquivalent, die Ergebnisse unserer Handlungen auf diese Art zu betrachten, könnte in unserem Sprichwort gesehen werden: „Gottes Mühlen mahlen langsam, aber sicher". Und so wird Karma, wie unangenehm dies in unserer unreligiösen Zeit auch sein mag, am besten als Gesetz der Folgen von guten und bösen Taten verstanden. Gutes Tun wird gute Ergebnisse erbringen; verletzende oder schädliche Taten werden bittere Folgen nach sich ziehen. Natürlich gibt es auch Handlungen, die in sich selbst „neutral" sind, Reaktionen auf Umstände wie beispielsweise das Aufheben eines Stiftes, der zu Boden gefallen ist oder das Abfallen eines Apfels vom Baum, welche keine karmischen Folgen nach sich ziehen. Bedeutsam ist jedoch, dass sich die zu ertragenden Folgen untereinander verstärken und sich über mehrere Leben hinweg erstrecken können. Dies ist deshalb zutreffend, weil jede willentliche Handlung die Summe des Tätigkeitsmusters (von Gedanken, Sprache und Handlung) prägt oder festsetzt. So kann ein Muster von „günstigen Folgen" durch willentliche „gute" Gedanken, Sprache und Handlungen verstärkt werden, oder ein „schädliches" Muster kann durch sie „verbessert" werden. Ebenso können „üble" Gedanken, Reden und Handlungen schon vorhandene schlechte Gewohnheitsmuster verstärken oder gute vermindern, sie können aber auch durch willentliche Kultivierung des „Guten" „gebessert" werden. So sind wir gänzlich die Schöpfer unseres eigenen Schicksals, Zustands, Wohlbefindens und belohnen und bestrafen uns selbst. Wenn wir niemanden außer uns selbst tadeln oder zur Rechenschaft ziehen, wird uns klar werden, dass wir uns immer an den besten Orten befinden, um altes Karma „abzutragen" und günstige neue Bedingungen zu schaffen.

Dies sollte uns aber nicht für die Tatsache blind machen, dass es in unserer Welt von Tag und Nacht auch Gutes und Schlechtes gibt. Deshalb geziemt es sich, dass wir uns für Belange anderer einsetzen, was uns auch dabei behilflich ist, bessere Menschen zu werden, um wiederum anderen wirksamer helfen zu können. Blindes Führen von Blinden wird für alle Betroffenen nur Unglück bringen – sogar wenn es mit besten Absichten geschieht.

Karma wird als ein langwährender Prozess angesehen, der sich über große Zeiträume erstreckt. Demnach wird er auch stets in Zusammenhang mit seiner logischen Konsequenz, der Wiedergeburt, besprochen. Letztere ist für uns westliche Menschen ein schwieriges Konzept, besonders in der jetzigen Zeit. Nach den Lehren unserer ursprünglichen Religion besitzen wir eine unsterbliche Seele – welche ihren Verdiensten entsprechend beurteilt wird, wenn der Tod des Körpers sie von ihrer Umhüllung trennt. Es ist eine strittige Frage, ob wir dies noch glauben oder nicht. Obwohl es uns schwer fällt, hoffen wir dennoch vage, dass es doch so sein möge. Unsicherheit macht uns ängstlich vor dem, „was danach" kommt, besonders wenn der Tod näher rückt.

Die Vorstellung einer ewigen (unsterblichen) Seele ist dem Buddhismus fremd, ebenso das Konzept eines „nur einmaligen" Lebens. Hier müssen wir vorsichtig sein, denn die buddhistische Sichtweise kennt nicht die Vorstellung einer klar abgegrenzten Einheit „Ich", die sich durch viele Leben hindurch erstreckt und sich allmählich bessern könnte. Die Darlegung von Nicht-Ich durchtrennt eindeutig diese Denkrichtung und grenzt sich damit auch radikal von der indischen Vorstellung des Atman-Selbst ab. Hierüber hat sich eine immer stärker werdende Polemik entwickelt, und so mag eine nüchterne Betrachtung hilfreich sein.

Die indische Annahme eines Atman oder Selbst könnte als das eigentlich Göttliche verstanden werden, als eine Weltseele, an der alles Anteil hat, was ist. In der gesamten östlichen religiösen Wahrnehmung ist das Göttliche in der Natur enthalten, und das menschliche Wesen wird dazu aufgefordert, sich dessen in sich selbst bewusst zu werden. Die Schwierigkeit liegt darin, dass dies leicht missverstanden werden kann, was auch geschieht, so dass ich mich selbst für göttlich halte (Kurzschlusshandlung)! Dies zeigt auch die amüsante indische Geschichte des jungen Mannes, dessen Guru zu ihm sagte, er selbst sei Gott, und der dann ganz aufgeregt von dannen geht. Er begegnet später einem majestätisch dahinschreitenden Elefanten, dessen Mahut laut ausruft: „Geh aus dem Weg, tritt zur Seite!" Der junge Mann, der immer noch aufgrund der Tatsache benommen ist, er sei Gott und alles andere auch, überlegt: „Sollte Gott sich selbst aus dem Wege gehen?" und geht geradeaus weiter – wobei der Elefant seinen Rüssel um ihn schlingt und ihn in den Graben schleudert. Erschüttert und verzweifelt rennt der junge Mann zu seinem Guru zurück und beklagt sich: „Wie kann Gott dies nur Gott antun?" Der Guru bemerkt sanftmütig: „Vielleicht hättest du auf die Stimme Gottes hören sollen, welche dir riet, aus dem Wege zu gehen!"

Um solche Irrtümer zu vermeiden, lehrt der Buddhismus, dass es keine eindeutige Entität von irgendetwas Bedingtem gibt – es gibt nur ein Zusammenkommen und ein Wiederauseinanderfallen. Was hat es also mit der Wiedergeburt auf sich, und überhaupt mit Karma, von dem behauptet wird, dass es vom vergangenen bis in zukünftige Leben hineinreicht? Und wenn das nicht zutrifft, warum sollte ich Gutes tun und gut sein, wenn ich davon keinen Nutzen habe?

So müssen wir uns etwas stärker in die buddhistischen Lehren hinein vertiefen, um zu erkennen, welche Voraussetzungen daraus entstammen, die uns westlichen Menschen fremd sind und an die wir uns gewöhnen müssen. Niemand sollte glauben, dass man sie gleich von Anfang an verstehen kann; vielmehr sind hingebungsvolle Arbeit und eine lange Zeit der Gewöhnung notwendig, besonders wenn sie der üblichen Erfahrung zu widersprechen scheinen. Dies gilt für alle neuen und fremden Konzepte. Seit ungefähr dreihundert Jahren wird die Tatsache akzeptiert, dass unsere Erde ein Planet ist, der sich auf einer speziellen Bahn um die Sonne und gleichzeitig um die eigene Achse dreht. Wenn wir jedoch bei Sonnenuntergang hinschauen, fühlen oder merken wir dann, wie wir mit unglaublicher Geschwindigkeit umhergeschleudert werden oder „sehen" wir die Sonne untergehen?

Um mit Karma fortzufahren: Karma kann beim Vorgang der ständigen Veränderung, welche ja eines der Daseinsmerkmale ist, als Agens oder Gesetz betrachtet werden, welches Ursache und Ergeb-

41

nis bestimmt. Dies geschieht nicht auf gerader Linie; im Buddhismus gibt es nichts wie eine erste oder Haupt-Ursache. Damit irgendetwas in das Dasein eintreten kann, müssen zwei oder mehr Hauptursachen und eine weitere Anzahl von unterstützenden Ursachen ins Spiel kommen, deren Kombination dann das Ergebnis oder die Auswirkung bestimmt. Dies wird wiederum gemeinsam mit anderen Determinanten zur Ursache für die Zukunft oder für das folgende Ergebnis. Es ist wichtig zu betonen, dass dies kein willkürliches, mutwilliges oder vorsätzlich geplantes Funktionieren ist, sondern dass es ein perfekt vernetztes, gleichsam verschlungenes und neutrales Muster ist, welches keinen Führer oder Leitenden benötigt, weil es sich aus sich selbst heraus entwickelt, sich selbst regelt, sich auch selbst beseitigen und aus eigener Kraft wachsen kann! Hier wollen wir anmerken, dass es noch größere Zyklen in diesem Muster gibt.

Auch wir verändern uns ständig – immer unglückselig und wohl oder übel wie in einem Strom umhergewirbelt, wie es jeweils unseren eigenen Handlungen entspricht. Innerhalb dieses Musters können wir durch unser eigenes Bestreben besser werden, während sich zur selben Zeit die Haupt- und Nebenursachen der Vergangenheit mit den gegenwärtigen verbinden. In diesem kausal bedingten Fluss kann man daher durch eigene Handlungen und Bemühen „altes" Karma aufarbeiten, sich selbst kennenlernen, d. h. seine eigene wahre Natur und damit die gesamte Natur, und zu Harmonie und Einklang zurückkehren, wonach sich das Herz sehnt.

Was die Wiedergeburt betrifft, so bleibt in diesem sich ständig ändernden Fluss nichts gleich, obwohl die Geschwindigkeit der Veränderung variieren kann. Die Lebenszeit eines menschlichen Wesens unterscheidet sich von der Lebenszeit der einzelnen Zellen, aus denen es sich zusammensetzt; und nicht ein einziger Tropfen Blut, der durch unsere Arterien und Venen fließt, verbleibt statisch an einem Ort. Bei seinem Fließen vermischt sich der Blutstropfen mit anderen – wobei die Mischung (zusammen mit anderen Ursachen) den gesamten Fluss mitbestimmt, ähnlich wie eine kleine Menge Schlangengift von einem Blutstropfen rasch in das gesamte zirkulierende Blut und damit in den Körper mit seinen Organen

42

gelangt. Bekanntlich kann eine Verstopfung den Blutfluss zum Stillstand bringen, so dass der Körper „stirbt" und wieder in seine Bestandteile zerfällt. In diesem fortwährenden Prozess des „Entstehens und Vergehens" verändert sich unaufhörlich alles, aber nichts geht verloren, nur die Formen verändern sich, sie „tragen sich selbst ab". Unwillkürlich taucht an dieser Stelle das zweite Gesetz der Thermodynamik in der Erinnerung auf, nach dem Energie niemals verlorengehen kann. Dies ist eine hilfreiche Analogie, weil Energie als solche keine Form hat, also kein „Ding" ist. Nur ihre Auswirkungen sind wahrnehmbar, *vorausgesetzt* (stets mehr als eine Ursache) es gibt entsprechende Träger- Formen für sie. Es ist der Bereich der Wissenschaft, diese Naturgesetze „zu entdecken", und die Aufgabe der Technologie kann darin liegen, sie zu einem „guten" Zweck zu verwenden (*nicht* einseitig, sondern bedacht auf alle sich daraus ergebenden Folgen, nicht für „meinen" oder „unseren" Gebrauch allein, sondern zum Wohle von allen, langfristig und nicht kurzfristig).

Auch Elektrizität ist kein sichtbares „Ding", sie ist nur durch ihre Wirkung in oder auf ihren „Träger"-Formen erkennbar; dort kann sie zu „Licht", „Hitze" oder „Kraft" werden, nützlich oder zerstörerisch, obwohl sie unsichtbar „nicht ist". Der buddhistische Begriff „ist nicht" weist immer auf eine derartig unsichtbare aber wirkungsvolle Kraft hin, wobei es vermieden wird, sie zu einem Konstrukt, einem „Ding" zu machen. Ein Konzept, wie richtig es auch immer verstanden sein mag, ist ein Gedankengebilde, und obwohl nicht gegenständlich, ist es ein Ding, welches lediglich auf die Energie hinweisen kann, aber nicht selbst die Energie ist. Wenn wir versuchen, etwas zu begreifen und zu verstehen, neigen wir dazu, unsere Gedankengebilde als „Dinge" zu konkretisieren; wer aber könnte ein Gespenst anfassen? Das Gebot, „keine Götzenbilder zu erstellen" ist eine Warnung, die wir immer noch schwer verständlich finden.

Um uns von dem Glauben an eine konzeptuelle Einheit mit Namen „Ich" hinwegzuführen, lehnt es der Buddhismus ab, dass es ein derartiges Ding wie „Ich", „mich" oder „mein" gibt. Wenn hierin wirklich „Einblick" gewonnen wird, gibt es kein Ding mehr wie

43

„mein Problem" etc. Aber wir müssen auf der Hut sein, wenn wir solche Aussagen lesen.

Es bedeutet nämlich keinesfalls, dass wir nun träge und gleichgültig dasitzen könnten, was ohnehin nicht möglich ist, zumindest nicht über eine längere Zeit. Vielmehr würde uns die Ablehnung, an dem großen Spiel des Lebens teilzunehmen, zu einem Spielverderber machen, und Spielverderber sind keine glücklichen Menschen. Ein gutes Spiel, an dem man sich mit ganzem Herzens beteiligt, ist immer erfreulich, wobei die Freude im Tun liegt, in der Handlung selbst, und nicht darin, wer gewinnt oder verliert, was lediglich in die kleinlich beschränkte Domäne von „nur Ich" zurückführen würde.

Um „weiterzumachen" oder über jegliche Ich-bedingte Gedanken und Konzepte „hinauszugehen", sei es nun als Befreiung von der „Ich"-Bindung oder beim Sterben, benötigt man im Buddhismus das Bewusstsein, das Fünfte Aggregat, den Faktor, der „hinüberträgt".

Wenn wir versuchen, die Bedeutung dieses überaus wichtigen buddhistischen Begriffes zu verstehen, müssen wir uns zunächst von der Vorstellung freimachen, dass das Bewusstsein „mein Eigentum" sein könnte. Nichts Derartiges wie ein „Ich" kann in diesem Bündel der Fünf Aggregate gefunden werden, welches ein menschliches Wesen ausmacht.

Aus der Wechselwirkung von einer Vielfalt an Ursachen mit begleitenden Folgen ergibt sich, dass es keine klare Abgrenzung zwischen einer Bedingung und der darauf folgenden gibt. Sie fließen ineinander und durchmischen sich. Nur auf einer grob vereinfachten physikalischen Ebene sind Zustände anscheinend vollständig verschieden. Die Raupe, welche das Blatt auffrisst, der Kokon, der trocken und starr an seinem Zweig hängt und der Schmetterling, der von Blume zu Blume flattert, sie alle scheinen nichts gemeinsam miteinander zu haben – und doch, und doch! In welchem Stadium „wird" die Raupe eigentlich zum Kokon? Wenn sie sich einzuspinnen beginnt? Wenn sie dies abgeschlossen hat und sich aufhängt? Wenn sie sich einmal „innerhalb" des Kokons befindet, ab wann „beginnt" dann der Schmetterling, wann ist er „fertig" und wann

44

erscheint er? Zwischen Raupe und Schmetterling verändert sich in dem Kokon das eine zum anderen über das Stadium der Puppe. Es ist ein glattfließender, bedingter Prozess. Jedes Ding ist derartig zusammengesetzt und bedingt, nichts existiert ohne Ursachen. Daraus folgt, dass es tatsächlich keine alleinige erste Ursache geben kann. Nur Nichts ist ohne Ursache, und nach buddhistischer Anschauung ist der Begriff von Sunyata, der Nichts-heit, keine leblose Leere, sondern ungeformtes Potential, Essenz oder Prinzip, das in sich selbst nicht existiert, sondern alles Existierende „in-formiert" , d.h. es ist in allen Formen enthalten. So gibt es also in allen Lebewesen einen Lebensstrom oder eine Lebenskraft, jedoch ohne einen ersten Anfang oder Grundursache und ohne Ende, er „ist" eben, im Gleichgewicht und in Bewegung, in endlosen, immer weiter werdenden Zyklen und Variationen.

Die buddhistische Hagiographie beschreibt liebevoll Milliarden von überfüllten Universen, ebenso wie die buddhistische Psychologie ein Gedankengebäude dieser unserer Welt darlegt. Dies sind keine Glaubensartikel, an welche man zu „glauben" hat, sondern sie dienen als Rahmen für eine psychologische Orientierung.

Selbst die Fünf Aggregate unterliegen auch einer ständigen Veränderung, nahtlos ohne Unterbrechung, eben wie das Fließen eines Flusses – von Augenblick zu Augenblick, von Leben zu Leben, entstehend und vergehend, sich ständig verändernd, dasselbe aber doch nicht dasselbe. Eine allgemein bekannte Analogie hierfür ist der Ozean mit seinen Wellen.

Würde eine Welle, die sich als abgetrennte Einheit fühlt, nicht ärgerlich und verängstigt sein, wenn sie von anderen Wellen eingeengt und von hinten her bedrängt würde und selbst gegen die vor ihr gelegene Welle aufprallte? Würde sie nicht in Panik verfallen, wenn sie von ihrem Umschlagspunkt in den Abgrund hinab schaute, in den sie gerade eintauchen wird? Würde dieselbe Welle sich aber darüber klar werden, dass sie unabhängig vom Auf oder Nieder nichts anderes als Ozean ist, was wäre dann? Sie ist sich eben ihrer Ozeannatur bewusst geworden.

Dieser fortlaufende Prozess innerhalb der Fünf Aggregate mit ihrem unverkennbaren, aber stets wechselnden Strom hört nicht auf

45

und kann dies auch nicht, wenn eine ihrer Komponenten, der Körper, verfällt. Dies setzt lediglich andere Vorgänge in Bewegung.

In allen Lebewesen ist der Lebensdrang vorhanden, der Trieb zu wachsen und sich zu vollem Potential zu entwickeln. Bei uns Menschen ist er in eine physische und geistige Komponente aufgeteilt. In seiner Eigenschaft als innewohnender Imperativ wird er „Lebenswille" genannt und kann auch als „Lebenskraft" aufgefasst werden. Tatsächlich beherrscht er in seinen verschiedenen Manifestationen das gesamte beseelte Leben. Wir aus den Fünf Aggregaten zusammengesetzte menschliche Wesen, gefesselt durch unsere Anhaftungen, sind zu Beginn der Zeit „erwacht", d.h. wir sind uns einer Welt um uns herum bewusst geworden, die wir nicht verstanden und von der wir uns daher bedroht fühlten. Daher haben wir uns seitdem ständig bemüht, sie zu verstehen und die ganze Zeit hindurch versucht, sie und ihre Kraft darzustellen, um so fähig zu werden, sie wahrzunehmen. Diese Bilder variieren und ändern sich bei der Entwicklung des Bewusstseins, je nach geographischer Lage und kulturellem Niveau. Sie sind aber grundlegend dual, wie es eben zu unserer Tag-Nacht-Welt passt. So haben wir uns Geist und Körper und alle anderen Gegensätze vorgestellt, so wie gut und böse etc.

Die Lebensenergie ist eine enorme Kraft von geradezu überwältigender Wirkung; von alters her hat man ihr Attribute des Göttlichen verliehen. Manchmal wurde sie in gespaltenem Zustand als Gott und Teufel, als Schöpfung und Zerstörung dargestellt. Wie auch immer man sie ansehen mag, stets ist sie der Imperativ, der jegliches Wachstum und jede Entwicklung erzwingt und damit auch die andauernde Veränderung, die einen solchen endlosen Prozess ermöglicht. Weil es nichts Persönliches oder Beständiges gibt, wird auch das Bewusstsein selbst als ein sich ewig verändernder Strom angesehen. „Mein" Bewusstsein dauert nur eine Sekunde lang und wird durch das Bewusstsein des unterscheidbaren Augenblicks der folgenden Sekunde abgelöst. Es wird mit einem Fluss verglichen – jeder unterschiedliche Tropfen ändert sich und vermischt sich fortwährend, dennoch fließt der Fluss und besitzt anscheinend eine Kontinuität. Derselbe Vorgang gilt genauso, wenn diese Veränderungen nur geringfügig kurz sind (unterscheidbarer Bewusstseinsaugenblick), nur jahreszeitlich vorhanden oder über die Spanne eines ganzen physischen Lebens hinweg anhalten. Daher gibt es auch eine Gesamtkontinuität eines spezifisch modulierten Bewusstseins, das nichts mit einem zeitlich bedingten „Ich" oder dem Bewusstsein von einem Leben zu tun hat. Und es ist diese Kontinuität oder das „Wiedergeburtsbewusstsein", welches als Energiepotential vom Tod einer psycho-physischen Form bis zum Beginn der nächsten karmisch passenden Form reicht. Wie alles Existierende, wird sie andauernd neu geschaffen und ständig durch Bedingungen verändert, und sie verändert sich selbst unaufhörlich gemäß den Bedingungen und bestimmt zugleich den Verlauf zukünftiger Bedingungen.

Die Aufforderung zu leben, der Wille und das Verlangen nach Leben, der Überlebensinstinkt, das Begehren oder der Durst zu leben, zu werden und zu wachsen ist eine solch immense Kraft, dass das Individuum durch sie bedrängt wird. Sie kann tatsächlich als beharrlicher Ausdruck einer Energie betrachtet werden, die als unpersönliche Kraft mit dem Tod einer Person nicht sterben oder verloren gehen kann. Vielmehr erzwingt sie eine Wiedergestaltung in eine erneute Existenz und in ein Wieder-Leben hinein und damit in eine neue Manifestation.

Natürlich können wir diesen Punkt nicht klar und eindeutig begreifen, da er jenseits von Ich gelegen und somit in sich selbst für ein Ich nicht begreifbar ist. Nur in der Analogie kann eine Annäherung an diesen Punkt erfolgen mit einer Begegnung in unserem eigenen Leben in Form von Verlangen nach Existenz (Wille zum Leben) und auch seinem Gegenteil, der Angst vor dem Tode. Diese beiden bilden tatsächlich eine Einheit und sind als solche die Quelle der meisten unserer persönlichen und der allgemeinen Probleme. Sie enthalten jedoch auch ein Versprechen. Es ist hilfreich, sich ein möglichst klares Bild von diesem Energieprozess zu verschaffen, auf dem jede Existenz basiert. Dieses Verlangen nach Leben und die Todesfurcht bilden die Hauptgrundlage unseres Denkens, Sprechens und Handelns, sie erscheinen als vorausplanend, bewusst als auch unbewusst, richtig oder irrtümlich. Wenn der alte Träger die Gegenwart der Wucht und Ladung dieser Energie nicht länger aushalten kann und sich aufzulösen beginnt, dann ballt sich diese Energie sozusagen zusammen und springt im Augenblick des Todes auf und sucht sich einen neuen Träger, eine Form, die gerade am Anfang steht, beispielsweise bei der Empfängnis. Wie müßig Vergleiche in diesem Zusammenhang wiederum erscheinen mögen, so ist es vielleicht wie ein Schlag von einem Kugelblitz, der wie wild herumspringt bis er einen anderen Träger gefunden hat, der die Ladung ableitet etc. Die Ladung der Energie ist gänzlich unpersönlich, aber sie wird durch den momentanen Träger bestimmt. So bedingt wird sie weiter hinüber getragen, um dann durch einen neuen Träger bestimmt zu werden, wobei er durch die vorhergehende Konditionierung Einfluss ausübt als auch selbst beeinflusst wird und zum Guten oder Schlechteren hin an das Lebensrad gefesselt wird. Aber gerade deshalb ist dieser Vorgang auch dazu geeignet, durch eine förderliche Übung zu einem Ende gebracht zu werden. Jede Bedingtheit entspringt aus einer selbst-zentrierten Sichtweise, der falschen Auffassung, welche das erste Glied der Zwölfgliedrigen Kette beinhaltet und auch eines der Drei Feuer ist. Dies kann allmählich erarbeitet werden, weil mit dem Verschwinden der Wurzel „Ich" auch jegliches Ich und Mein hinfällig werden. Wenn die Wolke der Verblendung verschwunden ist, hat das Vierte Aggregat seine Ich-zentrierte Einseitigkeit verloren und ruft kein Karma mehr hervor. Dann kann der Bewusstseinsstrom übereinstimmend mit der Art und Weise, wie alle Dinge wirklich sind, fließen und damit in bewusstem Einklang stehen. Dies ist Erwachen oder Erleuchtung.

Der bedeutende Schweizer Psychologe C.G. Jung sah die Psyche eines menschlichen Wesens in ein persönliches Bewusstsein (Ich-Bewusstsein) und in einen unbewussten Teil verzweigt, wobei sich letzteres wieder in ein „persönliches" und ein „kollektives" Unterbewusstes unterteilt. Der kollektive Zweig ist der Träger der überwältigenden Lebenskraft oder des Lebenswillens, das Verlangen zu essen, zu besitzen, zu hassen, zu fürchten und zu streben, das zu vernichten, was mir nicht zu eigen gemacht werden kann. Diese unpersönliche treibende Kraft ist der Person unbekannt und unbewusst, enthält aber die gesamte Information menschlicher und tatsächlich erlebter Erfahrung und des Lebens selbst. Nach nördlicher

Tradition rief der Buddha bei seinem Erwachen aus: „Wie wundersam, wie staunenswert – alle Wesen besitzen die vollständige Weisheit und Kraft des Tathagata."

Dies sind nur Andeutungen davon, was hinüberwandert und wiedergeboren wird. Als abschließende Metapher kann der moderne Gebrauch des Ausdrucks „wieder-geboren sein" hilfreich sein, da er auf eine echte Bekehrung und eine wirkliche Veränderung des Herzens zeigt, mit dem die Person, obwohl sie noch im selben Körper ist, wirklich wieder-geboren wird, also nicht mehr länger dieselbe wie vor ihrer Verwandlung ist. Es macht keinen Sinn, danach zu fragen, wohin der Vorgänger gegangen ist oder woher der Gegenwärtige kommt. Sie sind eindeutig miteinander verwandt, derselbe Körper mit denselben Vorlieben ist noch da, z. B. für gewisse Speisen, aber mit einer vollständig veränderten Sichtweise. Vielleicht mag sich auch eine radikale Veränderung der Essgewohnheiten als Resultat dieser veränderten Sichtweise ergeben, wobei aber die Liebe zu einer bestimmten Musik beibehalten wird etc.

Das Thema Leben kann nicht erschöpfend behandelt werden, aber das Leben wird von uns allen gelebt.

Kapitel III

Das Lebensrad

Das Lebensrad (s. Abbildung), Samsara, ist ein Symbol für die Welt, in der wir leben. Begehren, Abneigung und Täuschung treiben es fortwährend an, Kräfte, welche in der Bildmitte durch den Hahn, die Schlange und das Schwein symbolisch dargestellt werden. Wir Lebewesen kreisen durch die sechs Bereiche hindurch. Der äußere Rand zeigt die zwölf Glieder der Kette der Bedingten Entstehung. Das Rad selbst wird in den Klauen eines Wesens gehalten, das wie ein Dämon aussieht; nach der Befreiung kann dieses Wesen sowohl als Prüfer wie auch als Versucher erscheinen, denn Mara selbst ist eine Gottheit, er ist nämlich der Herr im Reiche der Begierde.

Der Buddhismus wird häufig als „negativ" oder „pessimistisch" verkannt, weil er die Vormachtstellung von Ich ablehnt. Aber in seinen Lehren über unser Unwohlsein und unsere Probleme etc. ist er zutiefst optimistisch. So klingt es mit den eigenen Worten des Buddha: „Das Leiden lehre ich und den Weg aus dem Leiden heraus." Sich-Anklammern, jegliches Festhalten oder alle Arten von Abhängigkeit, welche letztlich zu meinem Leben gehören, werden mich zwangsläufig in eine instabile Lage bringen, wovon es dann bis zum Tode keine Erlösung geben wird, dem Zeitpunkt, wo mein Leben und damit alles, was mein ist, zu einem Ende kommt. So zeigt der Buddhismus einen geeigneten Weg auf, um die engen Grenzen von „Ich" zu überwinden, der zu einer weiter gefassten Sichtweise führt, wodurch die Wieder-Vereinigung mit dem verloren Daseinsgrund zurückerhalten wird, vereint mit unserem eigenen menschlichen Herzen und dadurch mit allem, was ist. Zu diesem Zweck hat der Buddhismus eine psychologische Orientierungskarte aufgestellt, welche einerseits dabei hilft, seine Lehren zu erklären, aber gleichzeitig auch ein Führer für die Ausübung ist. Als letzterer weist er den Weg und warnt vor den möglichen Fallgruben. In früheren Zeiten wurde eine solche Orientierungskarte, das „Lebensrad", meist in der Eingangshalle zu buddhistischen Tempeln und

51

Klöstern ausgestellt, und ein älterer Mönch war damit beauftragt, es den Besuchern zu erklären.

Auf den ersten Blick sieht es reichlich exotisch aus, aber wir dürfen uns nicht abschrecken lassen und es noch weniger für einen Gegenstand des Glaubens halten. Wenn man es sorgfältig anschaut, ist es ein bemerkenswert genaues psychologisches Diagramm und fasst die meisten der buddhistischen Grundlehren zusammen. Seine Darstellung zeigt, wie der Weg aus dem Leiden heraus am besten eingeschlagen wird, und es werden auch die Gründe dafür aufgezeigt.

Das sich ständig drehende Rad wird durch die gewaltige Energie angetrieben, welche uns schon in den Drei Feuern begegnet ist: Sie stellt die gesamte grundlegende Kraft des Lebens dar und ist bei Menschen im dreifachen Aspekt von Verlangen, Hass und Täuschung wirksam.

Die Täuschung bewirkt, dass ich mich als ein „Ich" ansehe, das nicht nur verschieden, sondern auch gänzlich isoliert von allem Sonstigen zu sein erscheint. Damit wird für Ich Partei ergriffen, und es entsteht Angst vor dem, was anders ist. Ist dies die Vertreibung aus dem Paradies? Hiermit spaltet sich die Lebensenergie in zwei Komponenten auf – Anhaftung an Ich und mein mit Angst vor dem, was anders ist als Ich. Die Einsicht in diesen Zustand und die daraus resultierende „Umkehr im tiefsten Sitz des Bewusstseins" kommen der Erleuchtung gleich. Weil ich dies nicht sehen kann und sozusagen in meinem eigenen Schatten stehe, kommt es zwangsläufig zu Anzeichen, dass etwas fehlt oder dass etwas erreicht werden muss, was mich ständig anspornt und mir somit keine Ruhe lässt. Ich projiziere es in die Außenwelt und halte diese Welt für gänzlich unbefriedigend; sie entspricht nicht meinen Wünschen und Erwartungen. Und so werden wir in den Klauen des Dämonen gehalten, der das Rad ständig weiter treibt, wobei wir unglücklich und ohne jegliche Hilfe und absehbares Ende auf ihm herumwirbeln.

Gerade dies fürchtet der Buddhist – diese niemals endende Runde von Leiden und Unzufriedenheit. Der Dämon stellt dies mit herausgestreckter Zunge, schwarzen Klauen und schlagendem Schwanz dar. Natürlich ist der Tod für den Buddhisten traurig, aber doch nicht etwas, wovor man sich fürchten müsste, wenn dieses Leben gut genug war, um eine günstige Wiedergeburt zu sichern. Wenn dies nicht zutrifft, kann keine Erlösung von dem sich immer drehenden Rad erlangt werden, vielmehr muss bei der nächsten Daseins-Runde dasselbe oder noch schlimmeres Leiden ertragen werden. Die Erlösung von dem Rad, die Befreiung von ihm für immer, wird von dem Buddhisten hingebungsvoll herbeigesehnt, und er strebt danach – d.h. nicht mehr wieder geboren zu werden, nicht mehr wiederkehren zu müssen zu der bitteren Schinderei, sondern in die Glückseligkeit von Nirvana einzutreten.

Wie unterschiedlich erscheint doch diese Haltung von unserer westlichen Angst vor dem Tode, die selbst einem praktizierenden Christen die Möglichkeit einer ewigen Verdammnis in Aussicht stellt, wenn er nicht tatsächlich sehr gut gewesen ist, besonders was den Glauben und Gehorsam betrifft – und dies sind doch nur wenige von uns. Für uns liegt der Schrecken darin, dass dieses Leben einmalig und der Tod DAS ENDE ist. So würden die meisten von uns die Zusicherung begrüßen, dass der Tod nicht das Ende ist. Die Mehrzahl der Religionen versichern dies – sowohl westliche als auch östliche. Aber ein westlicher Mensch, der sich für den Buddhismus interessiert, wird entweder von der Vorstellung der Wiedergeburt angezogen oder er missversteht sie als so etwas wie „meine" Unsterblichkeit. In beiden Fällen wird nicht begriffen, worum es geht.

Betrachten wir nun die Angelegenheit aus buddhistischer Sichtweise. Das Leben als solches IST, und der Bewusstseinsstrom fließt ohne Unterbrechung. Gutes Benehmen, Liebenswürdigkeit, Sanftmut, Gewaltlosigkeit und Bedachtsamkeit sind die erforderlichen Eigenschaften, um hinreichend gutes Karma vorzubereiten oder hervorzurufen, so dass eine Wiedergeburt in einem günstigen Bereich erfolgen kann – d.h. in einem Bereich ohne allzu viel Unfrieden und Leiden, so dass auch weitere glückliche Wiedergeburten vorbereitet werden können, bis schließlich die Befreiung von diesem Rad gesichert ist.

Von dem „Motor" oder der dreigeteilten Energie (den Drei Feuern) in der Nabe des Rades, ziehen sechs Speichen auf den Rand zu und teilen das Rad in sechs Bereiche auf, die oft als „Welten" über-

53

setzt werden. Ganz oben befindet sich der himmlische Bereich, der Aufenthaltsort der himmlischen Wesen – auch mit „Göttern" übersetzt, aber das gibt uns eine falsche Bedeutung. Götter sind laut Definition unsterblich und besitzen die Macht, in menschliche Angelegenheiten einzugreifen, wenn sie dies wünschen. Himmlische Wesen (Deva) verfügen nicht über eine solche Macht. Sie sind zu einem nur vorübergehenden Aufenthalt in diesem Bereich als Ergebnis ihres günstigen Karmas gelangt, von dem sie selbst die Schöpfer waren. Wenn dieses Karma sich mit seiner Auswirkung, nämlich in diesem Zustand zu sein, erschöpft hat, ist der Aufenthalt zu seinem Ende gekommen, und die nächste Wiedergeburt entspricht dann dem Bereich, welcher dem Rest-Karma angemessen ist. Kurz gesagt ist keiner dieser Bereiche von Dauer, und das karmische Gesetz fügt ganz neutral das karmische Fließen in passende Bereiche hinein, so dass dort die Wiedergeburt stattfindet.

Im Uhrzeigersinn gesehen liegt der Bereich der kämpfenden Dämonen oder der aggressiven Titanen, die ihre Zeit mit Kämpfen zubringen, dem himmlischen Bereich am nächsten. Daran schließt sich die Welt der hungrigen Geister an, Wesen, die immer hungrig und durstig sind mit Kehlen so dünn wie Nadeln, so dass keine Nahrung oder Getränke ihren gewaltigen Hunger oder Durst stillen können. Erinnert uns das nicht an das Hauptpaar von gespaltener Energie, an Begierde und Übelwollen? Ist es traurigerweise nicht das, worum wir menschlichen Wesen uns vorwiegend bemüht haben, seitdem wir auf diesem unseren Planeten auftauchten? Und so mag der himmlische Bereich einen Zustand andeuten, in dem wir nicht mehr durch diese täuschende Spaltung angetrieben werden und der somit auf Ruhe und Frieden hinweist. Er liegt jedoch noch auf dem Rad, ist daher nicht dauerhaft und unterliegt der Veränderung. Der Buddha verkündete eine mögliche Befreiung von dem Rad, und zwar eine dauerhafte.

Tief unten, gegenüber vom himmlischen Bereich liegt der Raum der elenden Wesen, die Region immerwährenden Schmerzes und Leidens, wo die Vergeltung für die schrecklichen Taten erduldet werden muss – solange bis sie sich erschöpft haben. Dann kann die

Wiedergeburt in einen dann passenden Bereich hinein stattfinden. Nichts ist von Dauer, das Rad bleibt in Bewegung.

Der Bereich der Tiere befindet sich neben der Welt der elenden Wesen. Entweder halten wir die Tiere als schnuckelige Hausgenossen oder wir sind beim Anblick von „Blut zwischen den Zähnen und Klauen" entsetzt. Nach buddhistischer Anschauung ist der Bereich der Tiere ein unglückseliger: Wenn das Tier wild oder auch im häuslichen Bereich lebt, so muss es stumm erdulden, was ihm zugewiesen wird, ohne sich dagegen auflehnen zu können. Es muss Kälte, Durst, Wetter, Krankheit und Verletzungen, Angriffe in der Wildnis, das Fressen und Gefressenwerden ertragen – nur wenige Tiere werden alt und sterben eines natürlichen Todes. Auch wenn man an unsere Haustiere denkt, die entweder hart arbeiten oder übermäßig verwöhnt werden, keine geeignete Versorgung haben, zeigt es sich, dass der tierische Bereich kein glücklicher ist. So werden die drei unteren Bereiche, jener nämlich der hungrigen Geister, der absolut elende und der Bereich der Tiere als die unglückseligen Aufenthaltsorte bezeichnet. Nicht nur, weil sie so viel an Leiden beinhalten, sondern viel mehr noch, weil es unter diesen harten Bedingungen wenig Möglichkeiten gibt, Handlungen zu vollbringen, die ausreichend gutes Karma hervorrufen, um den Aufenthalt dort abzukürzen. Wiedergeburt in einem besseren Bereich kann jedoch nur stattfinden, wenn das schlechte Karma hinreichend erduldet und durchlitten wurde.

Der sechste Bereich ist das Menschenreich. Wenn wir uns an das Vorausgegangene erinnern und jetzt das Rad betrachten, können wir zunächst sagen, dass dieses Schema zu einem zyklischen Tagesablauf passen könnte. So wachen wir beispielsweise auf, die Sonne scheint, es ist Sonntag, wir brechen zu einer Fahrt über Land auf, alles ist mit der Welt in Ordnung – wir fühlen uns göttlich! Wir machen uns auf den Weg, nachdem wir unsere Route sorgfältig mit Hilfe der Karte geplant haben. Wir hörten von einer schönen Gaststätte, die ideal für das Mittagessen sei – wobei wir aber schon beim ersten Abbiegen bemerken, dass wir die Karte zu Hause vergessen haben! Wütend beschuldigen wir uns gegenseitig – der Tag scheint vollständig verdorben. Unser schönes Essen im Gasthaus findet auch nicht statt, und während wir uns bei zunehmendem Hunger finster anschauen, scheint kein Ort, an dem wir vorbeikommen, wirklich anziehend zu sein. So treiben wir lustlos suchend mit einer Stimmung umher, die bald den Siedepunkt erreichen wird. Wir sind doch jetzt in der Hölle angelangt, nicht wahr, in der Gesellschaft der hungrigen Geister und der kämpfenden Dämonen. Schließlich trägt der Hunger den Sieg davon, so dass wir in einem Gasthaus Halt machen – und das Essen ausgezeichnet finden. Versöhnt schauen wir einander an und brechen über unsere eigene Dummheit in ein Gelächter aus, da wir ja menschliche Wesen sind. Nach einer Ruhepause machen wir einen schönen Spaziergang und kehren zufrieden nach Hause zurück, wo die vergessene Karte uns begrüßt und beinahe – hoffentlich nur beinahe – einen erneuten Umschwung hervorruft.

Niemand sollte sagen, dass dieses Rad des Lebens exotisch oder nicht mehr zeitgemäß sei. Hätten wir uns nur besser mit ihm vertraut gemacht und uns bemüht, in dem menschlichen Zustand zu verbleiben … was wäre dann? Und könnten wir mit diesem unserem Bemühen fortfahren, nicht nur bei einem Ausflug am Sonntag?

Aber das ist noch nicht alles, es hat noch viel mehr mit dem Rade auf sich. Zunächst einmal ist der himmlische Bereich nicht erstrebenswert. Er ist zwar ein geeigneter Ruheplatz, hat aber keinen dauerhaften Bestand, und da er der einzige von Schmerzen freie Ort ist, muss der darauf folgende zwangsläufig schlechter sein. Weiterhin wird uns versichert, dass die Erlösung von dem Rad nur vom menschlichen Bereich aus erfolgen kann, was die Bedeutung des menschlichen Bereiches und der Geburt in ihn hinein noch stärker betont.

In die anderen fünf Bereiche sind die Wesen einfach hineingelangt und hatten keine andere Wahlmöglichkeit. Sie verbleiben einfach dort, bis das entsprechende Karma abgetragen ist. Wie wir aber an unserem Sonntagsausflug gesehen haben, „durchwandern" wir menschliche Wesen unaufhörlich alle diese Bereiche. Wie ist das möglich? Sind wir überhaupt menschlich, wenn wir in diesen sechs Bereichen umherstreifen und nur vorübergehend in ihnen verweilen, wobei uns unsere Stimmungen und Leidenschaften in sie hinein befördern und uns dort über kürzere oder längere Zeitdauer festhalten? Und je mehr wir uns in die augenblickliche Verfassung hineingeben, umso länger dauert unsere Gefangenschaft in dem entsprechenden Bereich, bis wir unsere Menschlichkeit einbüßen, unser Geburtsrecht, und uns als Bewohner in einem der anderen Bereiche wiederfinden. Wer hat nicht einmal die Bekanntschaft mit einem mehr oder weniger hungrigen Geist oder einem kämpfenden Dämonen gemacht? Was die Wiedergeburt anbetrifft, so müssen wir nicht daran glauben. Im Buddhismus gibt es keine göttlichen Offenbarungen und Dogmen, an die man glauben müsste. Wir sind selbst dazu aufgefordert, die Wirksamkeit der Lehren zu prüfen und sie erst danach anzunehmen und uns zu bemühen, entsprechend zu leben. Aber zurück zur Frage unseres menschlichen Bereiches.

In unserem aktuellen Zustand ist nur eines der Fünf Aggregate, der Körper nämlich, vollständig menschlich. Tatsächlich bewohnen wir noch nicht den menschlichen Bereich, denn nur allzu oft werden wir aus ihm heraus in alle oder irgendeinen beliebigen der anderen Bereiche hineingeworfen. Kein Wunder also, dass wir das Leben als widersprüchlich, mit Problemen beladen und kummervollvoll empfinden. Aber wenn wir die Buddha-Lehren anhören und kennenlernen und dann entsprechend üben, können wir die alten Zwänge überwinden, die uns andauernd in die anderen Bereiche hineinbringen. So werden wir mehr und mehr zu Bewohnern des menschlichen Bereiches und damit auch wirklich menschlich. Nur dann wird Erlösung von dem Rad möglich sein. Man sagt uns deshalb, dass die Geburt in den menschlichen Bereich hinein eine der vier Vorbedingungen zur Erlösung ist. So ist ein menschlicher Körper vorrangig und bietet die Möglichkeit, wahrhaft menschlich zu werden. Als nächste Bedingung sind günstige karmische Beziehungen erforderlich, so dass die Geburt in einer Zeit stattfindet, in welcher die Buddha-Lehren vorhanden sind. In den wiederholten Zyklen der buddhistischen Zeitrechnung gibt es lang anhaltende Perioden, in denen das Buddha-Dharma ausgelöscht ist und die menschliche Geburt allein nicht weiterführt. Das dritte Erfordernis besteht darin, nicht nur in einer Zeit geboren zu werden, wo die Lehren vorhanden sind, aber auch an einem Ort, wo sie bekannt sind. Und

57

viertens ist es notwendig, zu einer Zeit und an einem Ort geboren zu werden, an dem man in der glücklichen Lage ist, mit ihnen in Berührung zu kommen. Dadurch mag im Herzen das Bestreben entstehen, den Buddha -Weg zu gehen und seine Lehren zu befolgen, um so die Erlösung sicherzustellen.

Das Befolgen der Lehren nach ihrem Studium und in der folgenden Ausübung führt zu einer vollständigen und wahrhaft menschlichen Haltung. Wir haben alle eine Vorstellung darüber, was der echte menschliche Zustand bedeutet. Stark vereinfacht gesagt IST er, wie auch alle anderen Zustände. Er beinhaltet, gut ZU SEIN, nicht nur Gutes ZU TUN. Alle menschlichen Eigenschaften, die wir auch mit dem Herzen verbinden, ergeben sich aus diesem Zustand heraus: Selbstlosigkeit, Herzenswärme, Kreativität, Güte, Freude, Wohlwollen, Schönheitssinn, Dankbarkeit, Großzügigkeit und die damit verbundene Toleranz. Weiterhin ist Selbstlosigkeit (die buddhistische Lehre von Nicht-Ich) ein Äquivalent von Furchtlosigkeit.

Diese vierfach klassifizierten Eigenschaften nennt man die *Vier Göttlichen Verweilungszustände*. Sie sind als überpersönliche Zustände zu verstehen und beinhalten Güte, Mitgefühl, Mitfreude und Gleichmut. Als überpersönliche Zustände sind sie auch „jenseits von Ich" gelegen. Sie bedeuten Erlösung von dem Rad, dem Zugriff des Dämons der Leidenschaften und somit von Mara, dem Herrn des Königreiches der Begierden, der gleichsam ein Gott mit der Funktion eines Versuchers als auch Untersuchers ist. Wer zu diesen Verweilungszuständen gelangt ist, hat den menschlichen Zustand überwunden und Nirvana betreten. Der ehemalige Dämon wird dann als das große, unveränderliche Gesetz erkannt, das Dharma, die Art, wie alle Dinge wirklich sind – was auch dem Ende jeglicher Art von Furcht gleichkommt. Man spricht unterschiedlich von Befreiung, Erwachen oder Erleuchtung und als „Zustand" kann man es nicht in Worte fassen.

Ein derart Befreiter wird speziell nach nördlicher Glaubensrichtung als erleuchtet angesehen, als ein „Bodhisattva", der jetzt, wie der Buddha, zum Wohle aller Wesen bei ihrem Streben nach Erlösung da ist.

Viel wurde bereits und wird noch über zwei anscheinend verschiedene Ziele gesagt werden: auf der einen Seite das „Darüber Hinausgehen" und das Eintreten in das Nirvana – der Arhat – und auf der anderen Seite „die Rückkehr" und hier an Ort und Stelle zum Wohle der Lebewesen da zu sein – der Bodhisattva. Aber könnten diese beiden nicht ein und dasselbe sein, nur aus einem anderen Blickwinkel heraus betrachtet? Ist es darüber hinaus nicht, gelinde gesagt anmaßend, darüber zu spekulieren, was „mir" bei erleuchteten Wesen als unterschiedlich vorkommt? So können wir solche Diskussionen den Gelehrten überlassen und uns selbst auf den Buddha-Weg in Richtung auf eine voll ausgeprägte Menschlichkeit hin begeben. Sollte die oben angeführte Frage uns auch dann noch zu schaffen machen oder sich überhaupt noch stellen, dann können wir an ihre Untersuchung mit einer besser geeigneten Ausrüstung herangehen. Hierüber ließe sich noch wesentlich mehr sagen, aber dies ist nicht der Zweck unseres Überblicks.

Eine weitere bedeutende Lehre ist im Lebensrad enthalten: die zyklische Verknüpfung, die uns an das Rad fesselt, aber durch entsprechende Praxis in jedem Stadium durchbrochen werden kann. Diesbezüglich sollten wir nochmals das entsprechende Bild betrachten.

Die Zwölfgliedrige Kette der Bedingten Entstehung. Man nimmt häufig Bezug auf sie als die Kette der Abhängigen Entstehung, die als nahtlose Reihe angesehen wird. Da sich der Bewusstseinsstrom unaufhörlich fortsetzt, fasst man ihn am besten als Energieströmung auf. Psychische Energie könnte dafür auch eine passende Bezeichnung sein. Wie jede Energie kann sie niemals verloren gehen. Ihr Strom oder ihr Fluss unterliegt der gewaltigen Kraft des karmischen Gesetzes und wird von ihm beherrscht. Es gibt eine Beziehung zwischen Karma und Bewusstsein, da nur „willentliche" Absichten Karma hervorrufen. Wie im Lebensrad dargestellt ist, fließt der Bewusstseinsstrom immer weiter. Sein Ursprung und Erzeuger sind das Verlangen und die Anhaftungen, die durch Nichtwissen entstehen. Die Botschaft des Buddha an alle lautet daher, dass ihre Leiden durch eine Zusammensetzung von Begierde und Nichtwissen bedingt sind, aber dass sie zu einem Ende gebracht werden können, und dass eine Erlösung vom Leiden möglich ist.

Die Texte berichten, dass der gerade Erwachte, der jetzt zum Buddha geworden war, über das Entstehen und Vergehen der körperlichen und geistigen Dinge nachsann. Er stellte fest, dass, „wenn dies ist, jenes entsteht; mit dem Entstehen von diesem erscheint jenes." In Abhängigkeit von Täuschung entstehen willentliche Gebilde; in Abhängigkeit von willentlichen Gebilden entsteht Bewusstsein und so weiter über die zwölf Glieder einer immer sich verändernden Kette hinweg. 1) Grundlegende Täuschung/Nichtwissen, 2) Willentliche Gebilde (Tatabsichten), 3) Bewusstsein, 4) Form (psychisch und physisch), 5) Die sechs Sinnesbasen (oder Organe, wobei der Geist die sechste ist), 6) Berührung, 7) Gefühl/Empfindung, 8) Verlangen, 9) Anhaften, 10) Werden, 11) (Wieder-)Geburt, 12) Alter und Tod.

Diese Lehrformel hat jedoch nichts mit einem geradlinig verlaufenden Vorgang zu tun (im Buddhismus gibt es „keine erste Ursache"), sondern sie wird als zyklischer Ablauf verstanden, wobei ein jedes der zwölf Glieder alle anderen beeinflusst und direkt das nächste hervorruft, wie es oben gezeigt wurde. Die Bedeutung dieser Verbindung und ihre Stellung in der Formulierung des Lebensrades bildet diese „Orientierungskarte".

Eine vereinfachte „Interpretation" dieser Karte könnte darin liegen, 1) dass „Ich" (die grundlegende Täuschung, durch frühere Ursachen bedingt) 2) jetzt eine Mäuse-Phobie habe, deren ich mir 3) bewusst bin und auch weiß, 4) was sie ist – eine Angst vor Mäusen! Eine leichte Bewegung 5) wird wahrgenommen, 6) und dadurch entsteht aus einer Ecke des Gesichtsfeldes heraus 7)eine Reaktion, 8) und der volle Schrecken vor der „Maus" wird wieder ausgelöst, 9) an dem ich förmlich „hafte", ihn somit nicht loswerden kann, und der mich keuchend auf den Tisch steigen lässt, 10) wobei das alte Muster in Kraft tritt und 11) nachdem ich mir mein Schienbein verletzt habe, „wieder zu mir komme" und immer noch zitternd vom Tisch steige, 12) fast „gestorben vor lauter Angst"! Dieses Beispiel mag ein wenig mokant erscheinen, aber tatsächlich geschieht es auf diese Weise, und wir können seine Auswirkungen von Augenblick

60

zu Augenblick „beobachten" und auch in größeren Zyklen von Leben zu Leben. So kommen Verhaltensmuster zustande, welche voraussagbare Folgen haben.

Auf eine Art ist die Kette der Zwölfgliedrigen Bedingten Entstehung eine erweiterte Abhandlung der Vier Edlen Wahrheiten. Wie vom Buddha unter dem Bo-Baum erkannt wurde, hat alles, was bedingt ist, auch eine Ursache, daher abhängige Entstehung. Sollte die Ursache abgeschnitten und zu einem Ende gebracht werden, so würde dies das unwiderstehliche Fließen durchtrennen und die Kette durchbrechen, welche „diese ganze Fülle von Leiden, Tod, Sorgen, Klagen, Schmerz, Kummer und Verzweiflung" hervorbringt.

Das Durchbrechen der Kette bedeutet dann die Befreiung vom Leiden und das Ende der Fesselung an das Rad. Dieses Durchbrechen und Beenden kann an jedem Kettenglied erfolgen, aber am wirksamsten und entschiedensten an seiner Wurzel – dem Nichtwissen. Denn Nichtwissen lässt Leiden entstehen. Daher lässt sich ein Ende des Leidens durch das Aufhören des Nichtwissens herbeiführen, welches folglich die Beendigung eines jeden Gliedes nach dem anderen und so die Erlösung bewirkt. Dies entspricht den ersten drei der Vier Edlen Wahrheiten, dem Leiden, seiner Ursache und seiner Beendigung. Wie diese Beendigung erreicht wird, ist in der Vierten Edlen Wahrheit dargelegt, dem Weg, der dorthin führt, dem Edlen Achtfachen Pfad, der wirklich betreten und geübt werden muss und nicht allein mit dem Verstand erlernt werden kann.

Falls wir jetzt diese Abhandlung über das Leiden als zu deprimierend empfinden und bei unserer Ansicht bleiben, dass Buddhismus negativ und lebensfeindlich sei – dann schaut einmal her! Ist unser eigenes Leben, so wie es ist, voll von Freuden und Glück? Sind wir der Ansicht, dass wir alles Gewünschte besitzen, wobei gar nichts fehlt? Oder haben wir noch Wünsche, Hoffnungen, Verlangen wie auch Abneigungen und Ängste etc.? Und unsere Gesellschaft, unser Land? Unsere Welt? Wir machen hier besser halt, denn je weiter wir umherschauen, desto erbärmlicher erscheint alles. Aus diesem Leiden heraus weist der Buddha den Weg – zu unserem eigenen Wohle, jawohl – aber nicht nur zu unserem eigenen allein, sondern zum Wohle aller Lebewesen.

So betrachten wir die Zwölf Glieder einmal genauer, denn ihr echtes Verständnis bedeutet Erlösung. Alles beginnt mit der Grundlegenden Täuschung, welche auch eines der Drei Feuer ist. Wir sind sowohl mit als auch aus der Täuschung heraus geboren worden, aus der Gesamtsumme vergangener willentlicher Handlungen, welche einen bestimmten und sich stets verändernden Bewusstseinsstrom färben oder beeinflussen. Ebenso wie ein buddhistischer Schreinraum, in dem täglich Räucherstäbchen dargebracht werden, von dem entsprechenden Duft erfüllt wird, oder wie auch im Haus von Rauchern die Vorhänge, Möbel und sogar die Zimmerwände den Geruch von Rauch annehmen, so werden die Eindrücke und in der Vergangenheit entstandene Veranlagungen das neue „Werden" prägen und entsprechende Form annehmen.

Schon zu Beginn können wir hier feststellen, dass dieses Konzept die Unterschiede der Existenz in den Sechs Bereichen des Rades erklärt, ebenso auch die Unterschiede menschlicher Geburt in Abhängigkeit von der Umgebung oder Veranlagung. Und da sich diese Bedingtheit unter ständiger Veränderung fortsetzt, besitzt sie auch zwangsläufig einen Entwicklungsfaktor. Wenn man dies lediglich als Vergeltung oder Belohnung ansieht, dann hat man die Tiefe dieser unerbittlichen Kraft übersehen. Sie bewirkt das bedingte „Entstehen und Vergehen" der mannigfachen Formen, jede an ihrem zugehörigen Ort. Dabei mag für uns Menschen eine alte Schuld beglichen und eine neue heilsame Richtung beschlossen und unternommen werden. Denn innerhalb der prägenden Funktion des Fließens ist es der „Strömungsfaktor" selbst, der nach Wachstum und Bewusstsein in seinen sich herausbildenden Formen strebt. Darüber hinaus ist er auf eine Art die Form selbst, denn ohne Form ist er kein Ding und damit zur Entwicklung nicht in der Lage! Das wiederum erklärt das anscheinende Paradoxon individueller Konditionierung/abhängiger Entstehung, wobei es aber zu jedem Zeitpunkt oder an jedem Glied der Kette möglich ist, aus dem bedingten Strom mit Hilfe von Einsicht auszubrechen und dem Gehorsam der Art gegenüber, wie alle Dinge wirklich sind.

Es mag als Bestätigung dienen, dass dieses Konzept der modernen Wissenschaft nicht ganz unähnlich ist – aber es ist sicherlich nicht sinnvoll, Analogien in extremer Weise auszudehnen. Buddhisten selbst halten diese Kette der Bedingten Entstehung für unermesslich tiefgründig und profund und vertreten die Ansicht, dass vollständige Einsicht in sie und Verständnis von ihr der Erleuchtung gleichkommen. Um hervorzuheben, wie tief diese Einsicht ist und auch die „Re-Strukturierung", welche sie hervorruft, können auch zwei Abschnitte aus den Texten hilfreich sein. Einer von ihnen ist der Ausspruch des Buddha: „Wenn dies ist, entsteht jenes. Wenn dies entsteht, erscheint jenes. Wenn dies nicht ist (kein Ding), entsteht jenes nicht. Wenn dies nicht entsteht, erscheint jenes nicht." Dies mag simpel erscheinen, aber es immer in die Tat umzusetzen, ist keineswegs leicht. Wir dürfen nicht die oberflächliche Bedeutung als Hinweis auf das Ganze ansehen. Deshalb soll auch der folgende Dialog zwischen dem Buddha und seinem langjährigen treuen Aufwärter Ananda erwähnt werden. Nachdem Ananda die Darlegung des Buddha der Kette der Bedingten Entstehung vernommen hat, ruft er tief beeindruckt aus: „Wie wundervoll, wie großartig! Jetzt sehe und verstehe ich wirklich die Lehren des Erhabenen!" Worauf der Buddha erwidert: „Sprich nicht so, sprich nicht so, Ananda! Tief und profund ist diese Einsicht in die Bedingte Entstehung, sie ist aber nur einem befreiten Wesen zugänglich."

Wir als noch nicht befreite Wesen mögen inzwischen die tiefere Einsicht in diese Kette anstreben, indem wir die Buddha-Lehren sowohl ausüben als auch studieren.

Wie oben ersichtlich ist schon das erste Ketten-Glied selbst, das Nichtwissen, bereits durch frühere Prägung bedingt. Von diesem Nichtwissen (1. Glied) abhängig erscheinen willentliche Formationen (Tatabsichten, 2. Glied). Letzterem sind wir bereits als Viertes der Fünf Aggregate begegnet. Diese willentlichen Formationen beinhalten das, was man sich am besten als subjektive Wahl vorstellen kann, d.h. freiwillig und absichtlich begangene Handlungen, sowohl gute als auch schlechte, heilsame und unheilsame in Gedanken, Worten und Taten, denn der „Gedanke ist die Mutter der Handlung". Die sittliche Disziplin von „gutem Verhalten und guten Umgangsformen" ist daher von überragender Bedeutung im Buddhismus, wie es aus der andauernden Betonung von Güte und Gewaltlosigkeit hervorgeht. Gutes, freundliches, mitfühlendes und bedachtes Handeln wird den bedingten Fluss „prägen" und eine entsprechende Änderung in dessen Konditionierung hervorrufen – was auch für das Gegenteil zutrifft. So mag das Streben nach „günstiger Wiedergeburt" zwei Seiten haben, wobei eine lediglich ein Streben nach Wiedergeburt im himmlischen Bereich ausmacht, der jedoch kein dauernder Aufenthaltsort ist und schließlich in einer unglücklichen Wiedergeburt enden muss. Die andere Motivation für ein solches Streben ist die Bereitstellung von ausreichender moralischer Stärke und Schwung, um den Bewusstseinsstrom immer mehr mit guter Konditionierung (Karma) zu „färben", so dass schließlich bedingtes Wollen eingestellt wird und nichts als der Einklang mit dem Strom selbst übrig bleibt. Dies bedeutet wiederum, wie es auch immer in den verschiedenen Schulen ausgedrückt werden mag, tatsächlich Befreiung, echte Einsicht, Erwachen und Erleuchtung.

Dann folgt das dritte Glied, *Bewusstsein.* Wir müssen die Bedeutung dieses Begriffes, wie er im Buddhismus verwendet wird, sorgfältig untersuchen. Obwohl das Wort „Bewusstsein" auf den ersten Blick einfach und ausreichend deutlich erscheint, ist es ein extrem schwieriger Begriff, und sogar in den ursprünglichen buddhistischen Texten werden verschiedene Bezeichnungen verwandt, die von Bedeutungsnuancen des Zusammenhangs abhängig sind, aber auch in den unterschiedlichen Schulen variieren können.

Als westliche Menschen müssen wir sorgfältig die Konnotationen eines noch anderen und grundlegenden Begriffes betrachten, der gewöhnlich mit „Geist" und seit kurzem mit „Herz" übersetzt wird. Heutzutage vermittelt uns der Begriff „Geist" die mentale Fähigkeit, rationales Denken, bewussten Willen und Absicht, unabhängig davon, ob sie eine Tätigkeit hervorruft oder nicht; aber es gibt auch noch die Bedeutungen von reflektierendem Bewusstsein (sich übermäßig seiner selbst bewusst zu sein). Wie beispielsweise: „ich betrachte eine Blume", und ich bin mir meiner selbst dabei bewusst. Ich kann mich selbst beobachten und tatsächlich häufig einen laufenden Kommentar meiner Handlungsweise abgeben.

Obwohl im Buddhismus verschiedene Begriffe für Bewusstsein verwendet werden, umfassen doch alle sowohl mentale als auch emotionale Vorgänge – und dabei sind die vier mentalen Faktoren der Fünf Aggregate eingeschlossen. Deswegen wäre „Herz" eine bessere Wiedergabe und „Geist" bleibt dem rationalen Denken vorbehalten, wobei nicht zu vergessen ist, dass im Buddhismus das gesamte Denken im Herzen und mit dem Herzen stattfindet! So kommt die „Reinigung des Geistes" dem „Leerwerden des Herzens" gleich (sowohl von Gedanken als auch Wünschen und Ängsten), und eben das ist „die Lehre aller Buddhas".

Ich kann mir darüber bewusst sein, wütend zu werden oder es schon zu sein, oder etwas glühend zu wünschen etc.; sollte dann aber die „Aufladung mit Energie" einen bestimmten Grad überschreiten, dann bin ich mir nicht länger bewusst, wütend zu sein, dann BIN ICH selbst die Wut, d. h. die Wut hat mich, hat den rationalen Anteil von mir verschlungen , und jetzt ist es nur die Wut, welche irrational denkt, spricht und handelt. Dies wurde bereits als die Wirkungsart der Drei Feuer besprochen. Es ist auch wichtig für uns, die Glieder 4 bis 6 der Kette der Bedingten Entstehung (Form, sechs Sinne und ihre Objekte) zu überdenken, da sie aus sich selbst heraus wirken und somit einen Planenden, einen Handelnden und einen Auslöser „Ich" umgehen.

Nochmals sei gesagt: Was im Buddhismus auf die „Feuer" oder „Gifte" Bezug nimmt, das nennen wir die Leidenschaften oder die Emotionen, welche uns quälen können und es auch tun. Niemand würde kühlen rationalen Geist mit hitziger irrationaler Leidenschaft oder mit Emotionen verwechseln. Wenn ich einen bestimmten Plan oder einen Gegenstand im „Kopf" habe, strebe ich bewusst und mehr oder weniger aufmerksam danach, den Plan auszuführen oder den Gegenstand zu bekommen oder loszuwerden. Das Verfolgen dieses Zieles bewirkt jedoch nicht, dass ich mich hitzig oder beeinträchtigt fühle. Hier handelt es sich um rationale, bewusste gedankliche Schemata, und alle Konnotationen von „Geist" bewegen sich darauf zu. Dasselbe kann übrigens auch – und von buddhistischer Seite wird es so gesagt – über „Gefühle" geäußert werden (zweites Aggregat und siebentes Glied in der Kette), ein Begriff, welcher auch physische Empfindungen beinhaltet und womit lediglich definiert wird, dass irgendetwas angenehm, unangenehm oder neutral ist. Dieses „direkte Gewahrsein" wird dann umgehend durch die anderen Aggregate weiter klassifiziert und ist von den anderen Gliedern in der Kette abhängig. Es kann als ein schmerzender Zahn oder als angenehmer Geschmack, als düstere Stimmung oder glückliche Erinnerung bewusst werden.

Da solche Empfindungen von den vorausgehenden Faktoren abhängen, können und werden sie auch oft plötzlich von einem oder allen Feuern überkommen oder heimgesucht und von dieser Energieaufwallung derartig überflutet, dass ich „fortgetragen" werde. Sogar meine Stimme verändert sich dann, sie klingt nicht mehr wie meine eigene, sondern so, als ob eine andere Person durch mich spräche. Wenn ich mich in einem solchen Zustand befinde, könnte eine Tonbandaufnahme durch einen Ehepartner oder einen Freund, wenn ich sie mir etwa eine Woche später anhöre, eine ernüchternde und beunruhigende Erfahrung sein.

So müssen wir jetzt vier Begriffe strikt auseinander halten: Geist als rationales Denken und Beobachtung, welche klar oder durch meine Vorlieben getäuscht sein können. Gefühle werden ebenso im oben genannten rationalen Sinne als angenehm, unangenehm oder neutral verstanden, ohne Vorurteile oder Vorlieben. Ganz unterschiedlich von den Gefühlen sind die „Quälenden Leidenschaften" oder Feuer, Emotionen, die nicht der Vernunft gehorchen, sondern die mich überkommen und einen physische und mentale Komponente haben, d.h. Verlangen/Wut und festgefahrene Ansichten/rechthaberische Überzeugungen. Bewusstsein ist im Buddhismus ein vielschichtiger Begriff. Bei den Sechs Sinnen (Achtzehn Dathus/Basen) unterscheidet man sechs „Typen", welche das Bewusstwerden von Sinneseindrücken betreffen – beim Auge von Form/Kontur und Farbe, beim Ohr von Geräuschen etc. und beim Geist von Ideen und Gedanken. Gewahrsein ist ein Synonym für Bewusstsein. Drei Dinge müssen für Gewahrsein zusammenkommen: beispielsweise Auge-Form-Sehbewusstsein (also Bewusstsein dessen, was gesehen wird). Die Funktion des Bewusstseins ist es dann, der „Gegenstände" gewahr zu werden einschließlich von Gedanken und Vorstellungen. Dies ist ein andauernder Vorgang, daher auch ein Bewusstseinsstrom, der sich ständig verändert.

Gerade dieser ständige, aber sich stets verändernde Bewusstseinsstrom ist entscheidend beim Prozess der Wiedergeburt (s. Kette der Bedingten Entstehung). Er ist bedingt durch frühere heilsame und unheilsame Handlungen (Samskara, Viertes Aggregat, zweites Glied). „Zeige mir, mit wem du Umgang hast, und ich sage dir, wer du bist." Im Buddhismus bedingen die Folgen willentlicher Handlungen (Karma) in früheren Leben das Bewusstsein dieses gegenwärtigen Lebens. So ist dieses Bewusstsein das ERSTE konditionierende Glied des Bewusstseinsstromes, der zu einer einzelnen Existenz gehört (Kind – Erwachsener – alter Mensch) und wird so als das Bewusstsein der Wiedergeburt angesehen.

Die Samskaras, die alle willentlichen Tätigkeiten einschließen – körperliche oder mentale, in Handlung, Sprache und Gedanken – sind so bereits bedingt oder „prädisponiert" und lassen wiederum ihrerseits weitere bedingte Reaktionen entstehen – welche alle das gegenwärtige Leben färben und weitere Wiedergeburt bedingen. Entscheidend ist hierbei, dass diese willentlichen Tätigkeiten auch den Bewusstseinsstrom im künftigen Leben festlegen, das heißt, dass sie die zukünftige Persönlichkeit formen. Aber so sehr auch der Bewusstseinsstrom bedingt ist, kann doch ein Willensakt bei jedem Schritt zu einer Unterbrechung führen, durch Aufnahme einer Übung wie dem Befolgen des Buddha-Weges. Diese Maßnahmen werden früher oder später jegliche vergangene Konditionierung abschwächen und schließlich ganz auslöschen oder durch das Schaffen von guten Ursachen „erledigen", um von diesem gesamten Netzwerk des Samsara freizukommen, nämlich dieser unserer Welt der Unzulänglichkeiten.

Zur Erinnerung: Kein „Ich", keine unveränderliche Entität kann im Bündel der Fünf Aggregate gefunden werden, die man sich am besten als spezifische Kräfte von Energie vorstellt. Sie umfassen all das, was wir „ein menschliches Wesen" oder „ein menschliches Leben" nennen, welches sich selbst in andauerndem Fluss befindet und sich ständig verändert. Wenn man erneut die Analogie Kind – Erwachsener – Graubart betrachtet, so sind diese drei jeweils ganz offensichtlich nicht dasselbe, aber sie sind auch nicht gänzlich voneinander verschieden. Dies ist keinesfalls ohne Rangfolge – die Na-

67

turwissenschaften kennen viele sogenannte Serien, die sich geschmeidig von einem Zustand zum anderen durch graduelle Hinzufügung oder Verlust von einem oder mehreren Bestandteilen verändern.

Diese komplexe Serie von mentaler und physischer Energie, welche im Leben eines Körpers existiert, befindet sich in kontinuierlichem Fluss und unterliegt dabei andauernder Veränderung. Tatsächlich kann Energie niemals verloren gehen, sie wandelt sich lediglich, geht in Veränderung ein. Was wir als Tod bezeichnen, wird als Auflösung der körperlichen Form verstanden, wobei sich der Bewusstseinsstrom fortsetzt und wieder mit den drei anderen Aggregaten, welche durch zurückliegende Ereignisse bedingt sind, in einer neuen Form zusammengefügt wird, welche für diese Bedingungen geeignet ist. Dies nennt man im Buddhismus Wiedergeburt oder besser „erneutes Werden", und es ist damit *nicht,* wie jetzt klar ist, das erneute Werden irgendeiner Entität, sondern der sich ständig verändernde Bewusstseinsstrom. Dieser ist durch stets wechselnde Muster kombinierter Aggregate in endloser Folge bedingt, und er verändert sich auch wieder selbst.

Der Buddhist fürchtet diesen endlosen Ablauf des erzwungenen Ertragens von Leiden oder die sich stets verändernde Runde auf dem Rad. Wenn er das ungeheure Ausmaß und die Dauerhaftigkeit dieser schrecklichen Daseinsrunde erkennt, dann bildet dies den stärksten Anreiz, von dem Rad freizukommen. Das „Löwengebrüll" des Buddha versichert uns, dass es tatsächlich die Möglichkeit gibt, freizukommen, vollständig frei zu werden, Nirvana zu erlangen.

Zusammenfassend: Bewusstsein bedingt die nächsten Glieder in der Kette der Bedingten Entstehung bis zu dem Zeitpunkt, an dem „Alter und Tod" einer Form eintreten und Wiedergeburt, d.h. Transformation zur nächsten Form hervorgerufen und bedingt wird. Auf diese Weise verbinden sich die Glieder erneut. Wir müssen jedoch strikt vermeiden, in dem buddhistischen Konzept von Bewusstsein irgendetwas zu sehen, was auch nur ganz entfernt etwas mit der westlichen Annahme eines unabhängigen „Ich" zu tun hätte, welches diese Veränderungen durchläuft. Für eine solche Vorstellung gibt es weder Raum noch Bedarf.

68

An dieser Stelle wäre es vielleicht angebracht zu betonen, dass die vielfältigen buddhistischen Lehren nicht eine Art von Lernprogramm bilden, wie man dies von einem Universitätsstudium zur Erlangung eines bestimmten akademischen Grades kennt. Die Lehren könnten am besten als vielfältige Lehrformeln gesehen und verstanden werden, die letztlich alle zwar dasselbe aussagen, dies aber auf unterschiedliche Art, wie es jeweils für eine Vielfalt von „Zuhörern" zu gegebener Zeit und an einem bestimmten Ort passend ist.

Ebenso können dieselben Begriffe in Nuancen variieren, wenn sie in anderen Lehrformeln verwendet werden; so bezieht sich z.B. die Bedeutung von Bewusstsein in den Fünf Aggregaten hauptsächlich auf das Sinnesbewusstsein (Auge ... Geist), wird aber in der Zwölfgliedrigen Kette vorwiegend als wiederverbindende Funktion des Bewusstseinsstromes aufgefasst.

Ein weiterer Faktor der unterschiedlichen Bedeutungsnuancen für bestimmte Begriffe ist der Zusammenhang im Text. So beschreiben beispielsweise die Fünf Aggregate einfach den Zustand des menschlichen Wesens *wie* es ist, gleichgültig ob es getäuscht oder erleuchtet ist, sich wohlbefindet oder leidet oder beides. Die Vier Edlen Wahrheiten behandeln lediglich das Leiden, seine Ursache und die Beseitigung. Die Kette der bedingten Entstehung behandelt dies ausführlicher, wobei behauptet wird, dass die Ursache jeglicher Unzufriedenheit, die von Menschen empfunden wird, von einer grundlegend falschen Annahme abhängig ist, die einmal vorhanden, unausweichlich das nächste Ergebnis bedingt und so weiter.

Die letzten zwei Lehrformeln legen daher die Ursache dar, welche, wenn sie einmal herausgefunden wird, zu einem Ende gebracht werden kann. Dies bedeutet die Befreiung von dem Rad und das Ende aller Unzufriedenheit.

Daher ist das Bewusstsein in dem Falle rein, wenn die Gedankengebilde (Tatabsichten, Samskaras) im Besonderen und das sich daraus ergebende Bewusstsein rein sind (d.h. nicht mit Absichten oder Ich-Vorurteil belastet sind). Dieses Bewusstsein ist dann reines vorurteilsfreies Gewahrsein (nicht auf Ich zentriert, daher ohne die Feuer, d.h. „kühl") und als solches nimmt es auf natürliche Weise wahr und wirkt auch so, nämlich in Zusammenhang und Überein-

69

stimmung mit dem, was ist. Die nördlichen Schulen (Mahayana) würden hier hinzufügen, dass „Bewusstsein nicht ist", denn beim Vermischen wird alles eins – oder nichts! „Das Auge, welches sieht aber sich selbst nicht sehen kann."

Wenn aber die Gedankengebilde Ich-zentriert und damit wohl oder übel emotional aufgeladen sind, wirken sie parteiisch und damit willentlich oder zielgerichtet, d.h. von Ich gesteuert. So schaffen sie Turbulenzen, welche als aufwühlend/schmerzlich wahrgenommen werden. Das sich daraus ergebende Bewusstsein wird dann „unter Druck" stehen und auf angenehmere Bedingungen hinarbeiten.

Hiermit befinden wir uns wieder auf dem Rad. Wenn einmal körperliche Form mit ihren Sechs Basen in das Dasein eingetreten ist, sind Berührung und entsprechende Gefühle eindeutige Folgen davon, und aus diesen entstehen wiederum Verlangen und Festhalten, welche nach ihrer Etablierung die Herrschaft übernehmen und zu Geburt führen, an die sich unausweichlich der Tod anschließt.

Kapitel IV

DIE PARAMITAS

Die Paramitas sind eher eine auszuführende Übung als eine Lehrformel. Man kann sie als Verbindungsglied zwischen südlicher (Hinayana) und nördlicher Schule (Mahayana) betrachten, und sie machen die hauptsächliche Praxis der letztgenannten aus. Hier werden sie als Brücke zwischen Lehren und Praxis behandelt.

Um es zu rekapitulieren: Der Buddhismus entstand im Nordosten Indiens und übte Anziehungskraft sowohl auf Herrscher als auch auf Händler aus. Die einheimische indische Religion nimmt die Existenz eines ewigen Prinzips, eines „Atman" oder Selbst an, eine Gottheit, welche nicht nur als inhärent, sondern eigentlich als man selbst angesehen wird. Die bekannte Lehrformel, welche dieser Identität Ausdruck verleiht lautet: „Das bist Du" (tat tvam asi). Der Buddha hingegen erkannte und lehrte, dass alles bedingt und damit der Veränderung unterworfen ist, d.h. nur eine vorübergehende Existenz hat, und dass kein ewiges oder andauerndes, unveränderliches Selbst gefunden werden kann. Daher seine Lehre von Nicht-Ich (anatman). Ferner ergibt sich daraus, dass die Annahme eines beständigen Ich und der Glaube daran eine Täuschung ist, die aber ein zähes Festhalten an dieser Überzeugung mit sich bringt. Dies bildet den Rahmen für unsere andauernde Unzufriedenheit. Es ist so ähnlich, als ob man willkürlich ein Gespenst postuliert und dieses Fantasiegebilde dann anschließend für real hält. So glaubt man an seine Existenz und verharrt derartig intensiv bei dieser Vorstellung, dass man sogar selbst anfängt, ein Gespenst zu sehen, und außerdem noch vor ihm Angst hat! Das unausweichliche Ergebnis einer solchen Torheit ist das Leiden, denn Angst und Ich sind unzertrennbar wie Hohlhand und Handrücken.

Nachdem er selbst diese Verknüpfung durchschaut hatte, wies der Buddha aus grenzenlosem Mitgefühl für uns irregeführte Leidtragende den Weg, welcher aus der Täuschung und aus dem Leiden herausführt.

71

Die übliche Übersetzung von Paramita mit „Vollkommenheit" ist auf eine Art korrekt, aber in anderem Sinne irreführend. Vielleicht ist das wörtliche „Darüber Hinausgegangen" ein hilfreicher Hinweis. Aber worüber denn „hinausgegangen"?

Wie irrtümlich die Ansicht eines getrennten und unabhängigen „Ich" auch sein mag, so kann ich doch nicht umhin, mich selbst als „Ich" zu empfinden. Also muss von diesem Zustand her eine jegliche Übung zur Befreiung beginnen. Denn obwohl ich mit Eifer und Begeisterung Studium und Übung auf mich nehme, halte ich mich immer noch selbst, wenn auch irrtümlich, für eine Entität und kann nicht umhin zu glauben, dass die Praxis mich zu einem besseren, weiseren Menschen machen wird – kurz gesagt mich zur Vollkommenheit bringen wird, in dem ich sämtliche unheilsamen Wurzeln und Vorstellungen loswerde. Dies ist eine irrige Ansicht, weil der Träger all dieser Annahmen und Vorstellungen „Ich" ist. Ich bestehe aus diesen Vorstellungen, ich bin sie! In der Tat bin nicht ich es, der vervollkommnet werden soll, sondern es geht vielmehr um das, was hinweggeschafft werden muss (selbst-los werden). Dies bringt uns zur tieferen Bedeutung von Paramita als ein „Hinübersetzen" wie über einen Fluss und auch als ein „hinausgehen über" dieses Überqueren, und überhaupt ein Hinausgehen über alle Vorstellungen und so „über Ich Hinausgehen" – und das kommt echter Einsicht oder Erleuchtung gleich.

Die Zehn Paramitas haben die nördliche und südliche Schule gemeinsam, wobei sie von der ersten gewöhnlich als sechsfach zitiert und zusätzlich vier weitere hinzugefügt werden.

Alle haben das Attribut „Darüber Hinausgegangen" im Sinne von ein „darüber hinaus gegangenes Geben" (oder Großzügigkeit) etc. Ihre besonders von der nördlichen Schule betonte Praxis liegt darin, die Leidenschaften umzuwandeln (sie „auszumerzen") und so das Individuum von der Ich-Täuschung zu entwöhnen und hin zu wahrer Menschlichkeit zu „veredeln", d.h. allen Wesen nützlich zu sein.

Die Paramitas sind im Einzelnen: 1) Geben oder Großzügigkeit, 2) Disziplin, d.h. Zurückhaltung, sittliches Verhalten, Einhalten der Vorschriften, 3) Geduld – geduldiges Aushalten von dem, was schwer zu ertragen ist, 4) Hingebende Energie – die Kraft von anhaltender Bemühung, die wie jede andere Fertigkeit von entschlossener Anstrengung abhängig ist und sich durch nichts ablenken lässt, 5) Kontemplation/Versenkung – Meditation als Mittel, die Ich-Täuschung zu durchschneiden, und wenn das vollbracht ist, „sich selbst" nicht mehr von „anderem" getrennt zu fühlen. Wenn nichts „anderes" mehr da ist, kommt dies der Furchtlosigkeit gleich, 6) Weisheit, echte Einsicht, die aus der Meditation stammt, „Einäugige Sicht", d.h. „Ich"-lose Sichtweise/Nicht-Ich. Die vier zusätzlichen Paramitas, die von den nördlichen Schulen betont werden sind: 7) geeignete Mittel, 8) Gelöbnisse, die dabei helfen, die Füße auf dem Pfad zu halten, 9) Entschlossenheit, 10) Wissen (welches sowohl die Lehren als auch kulturelle Themen einschließt), um sie auf passende Weise auszudrücken und darzulegen. Die Aufzählung ist in der südlichen Schule etwas unterschiedlich: Geben, Disziplin, Verzicht, Weisheit, Energie, Geduld, Wahrhaftigkeit, Entschlossenheit, Wohlwollen und Gelassenheit.

Diese Paramitas sollten wiederum nicht in gerader Linie, sondern zyklisch gesehen werden – wobei sie sich in der Praxis gegenseitig unterstützen und auch voneinander unterstützt werden. So ist das „Darüber hinausgehen" von Geben, welches ich leisten kann, das ultimative Hingeben von mir selbst. Viel Übung ist erforderlich, um wirklich loslassen zu können und sich selbst hinzugeben. Mit diesem höchsten „Darüber-Hinausgehen", was ich tun kann, der sechsten Paramita, tritt echte Einsicht oder wirkliche Weisheit in Erscheinung, die nicht länger durch irgendwelche Ich-Vorstellungen oder aufgrund von Voreingenommenheit getrübt ist, auch deshalb heißt es: „Darüber Hinausgegangen".

Bereits oben wurde gesagt, dass die Ausübung der Paramitas bezweckt, das Individuum zu „veredeln". Gerade in unserer Zeit schenken wir diesem Aspekt des Buddhismus nur wenig Aufmerksamkeit, dennoch wird schon in den ältesten Schriften der Begriff „Arya" verwandt – wie in den „Vier Edlen Wahrheiten", dem „Edlen Achtfachen Pfad", der „Versammlung" oder dem „Orden der Edlen" etc. Hier entspricht die Konnotation ganz offensichtlich nicht der aristokratisch weltlichen Bedeutung. Wir verstehen es am besten im Zusammenhang mit dem „Gentle man" oder der „Gentle woman", die nicht mehr den Leidenschaften unterworfen sind, Durchhaltevermögen haben, und die in weltlichem Wissen und in der Kultur der Zeit bewandert sind (wie es auf den Buddha tatsächlich zutraf), die gute Sitten haben und höflich sind, also die Statur eines reifen, wahrhaftig menschlichen Wesens besitzen. Als solche sind sie dann den Wechselfällen von Ich nicht mehr unterworfen und wirbeln nicht mehr hilflos auf dem Lebensrad umher. Solch edel gewordene Wesen bewohnen den menschlichen Bereich, von dem aus die Befreiung erfolgen kann. Daher kann der Zweck der buddhistischen Übung als Prozess zur Veredelung gesehen werden, und für den Übenden bildet die Dritte Zuflucht die „Gemeinschaft der Edlen", der buddhistische Orden. All dies führt, wie es am Beispiel des Buddha zu sehen ist, zu Selbstlosigkeit und Mitgefühl und dazu, dass man eher zum Wohle anderer da ist als für sich selbst, was tatsächlich ein edles Ziel ist.

Zu diesem Zweck wird die Übung mit oder in den Vier Göttlichen Verweilungszuständen betont. Sie sind sozusagen die „Ausströmungen" dieser edlen oder wahrhaft menschlichen Haltung: 1) Wohlwollen, 2) Mitgefühl, 3) Mitfreude, 4) Unerschütterliche Gelassenheit. Auch diese liegen „jenseits von Ich", jenseits von unseren gewöhnlichen Einstellungen und Handlungen, obgleich wir in unseren Beziehungen zu denen, die uns lieb sind oder mit denen „wir in Sympathie" verbunden sind, nahe daran heranreichen können.

Kapitel V

Die Ausübung des Buddhismus

Zur „Veredlung" mit dem Ziel, ein „wahrhaft menschliches Wesen" heranzubilden, wird ein strukturiertes Übungsprogramm empfohlen. Obwohl eine solche Praxis viele Gemeinsamkeiten mit allen anderen „weltlichen" Ausbildungen hat, beinhaltet sie darüber hinaus noch eine besondere „spirituelle Dimension". Der erste Schritt in diesem Bemühen besteht darin, sich von der Knechtschaft durch die Leidenschaften zu befreien. Dies wird durch eine willentlich auf sich genommene Disziplin erreicht. Selbstdisziplin ist uns schon als eine der Paramitas begegnet. Es ist eine grundlegende Übung, die dazu bestimmt ist, innere oder moralische Kraft zu entwickeln, d.h. „aufgrund unserer Zurückhaltung können die Leidenschaften nicht mehr Überhand nehmen und uns forttragen."

In der heutigen Zeit und bei dem herrschenden sozialen Klima rufen Worte wie „Disziplin" und „Gehorsam" spontane und meist hitzige Abwehrreaktionen hervor. Die Tatsache, dass wir sie als „hitzig" empfinden, deutet auf irrationale Emotionen hin, die sorgfältig untersucht werden müssen.

Disziplin hat verschiedene Konnotationen wie Ordnung, Zurückhaltung, Lernen/Lehren und Gehorsam. Da das letzte Wort sogar noch mehr Abwehrreaktionen auslöst, sollten wir zum eigenen Nutzen sorgfältig abwägen, ob unser diesbezügliches Verständnis nicht beklagenswert einseitig ist. Wir verbinden damit nicht Bereitwilligkeit, Folgsamkeit oder Sanftmut und sind uns nicht darüber im Klaren, dass die wörtliche Bedeutung von Gehorsam die Fähigkeit und die Bereitschaft zum Zuhören bedeutet. Somit geht es nicht darum, blindlings Befehle auszuführen oder Geboten nachzukommen. Im Sinne der Bereitschaft zum Zuhören sind Disziplin und Gehorsam Hilfsmittel zur inneren und spirituellen Entwicklung und führen zur Transformation der irrationalen Energie, welche als Leidenschaften auflodert, und damit zur Veredlung des Charakters und der Persönlichkeit.

Aus buddhistischer Sicht, vielleicht am treffendsten in der Lehre der nördlichen Tradition formuliert, soll der Buddha bei seinem Erwachen aus der Täuschung über „lediglich Ich" als abgetrennte Einheit ausgerufen haben: „Wie wundersam und wunderbar ist es doch, dass alle Lebewesen die Weisheit und Kraft des Tathagata besitzen." Die moralische Kraft oder Fähigkeit gemäß dieser selbstlosen Weisheit zu leben ist die Sechste Paramita. Zu diesem Zweck empfehlen die Lehren ein Dreifaches Übungsprogramm, in dem zunächst innere Disziplin entwickelt wird, mit Meditation als zweitem Stadium und Weisheit als drittem, der Frucht der vorhergehenden beiden.

Die Übung einer Disziplin der Zurückhaltung muss man bereitwillig auf sich nehmen. Dies ist wirklich eine Arbeit der Liebe, aus der zunehmende innere Kraft zur Fortsetzung und Vertiefung der Praxis erwächst, d.h. die innere Kraft, so zu handeln, dass man „selbstlos" und gehorsam dem Dharma/Gesetz der Situation, so wie sie wirklich ist, zuhört. Aus eigener bitterer Erfahrung mögen wir wissen und hätten es schon längst erfahren können, wenn wir überhaupt aufmerksam gewesen wären, dass das bloße Wissen, „was ich zu tun habe", wenn es auch noch so klar ist, nicht dazu führt, dass wir in Einklang mit der Situation handeln. Daraus geht die Notwendigkeit hervor, innere Stärke durch Disziplin und Gehorsam zu entwickeln, die nicht „mir" gehört und nicht nur funktioniert, „wenn es mir gerade zusagt", sondern die stark genug ist, reibungslos und frei zu wirken, sogar wenn es mir nicht behagt. Durch weitere Übung wird sie stark genug, um auch in einem emotionalen Aufruhr von irrationaler Energie zu funktionieren. Geduldiges Ertragen wandelt die elementare Art dieser Energie zu dem, was dem menschlichen Zustand angemessen ist, d.h. dem menschlichen Bereich auf dem „Lebensrad". In der nördlichen Tradition des Buddhismus wird gelehrt, dass „die Leidenschaften Buddha-Natur sind und Buddha-Natur die Leidenschaften". So zielt die Übung auf die Wandlung der emotionalen Energie der „uns überfallenden Leidenschaften" hin und auf die daraus folgende Veredelung dieser Energie; hierin liegt die Absicht einer jeglichen buddhistischen Übung.

Jetzt sollte es klar geworden sein, dass blinder, autoritär geforderter Gehorsam nur kontra-produktiv sein wird. Dasselbe gilt auch für meine Wahl einer Disziplin, der ich bereit bin zu folgen, weil ich sie für annehmbar halte! Traditionelle Wege, weltliche wie auch spirituelle, verfügen über tausendjährige Erfahrungen mit diesem „humanisierenden Prozess" und haben gleichzeitig für Sicherheitsvorkehrungen gesorgt, um diese Humanisierung behutsam auf den Weg zu bringen. Wenn jedoch der lebendige Geist verloren geht, kulturelle Werte in Vergessenheit geraten und Religion oberflächlich und überhaupt als überholt gilt, dann entstehen moderne unechte Bewegungen und versuchen, die Lücke auszufüllen, denn die Natur verabscheut ein Vakuum. Derartige Bewegungen oder Einstellungen können leicht an der Unberechenbarkeit ihrer Leidenschaft erkannt werden – der sturen, leidenschaftlichen Beharrlichkeit. Entweder klammern sie sich an „mein Weg ist für mich ausreichend" mit der daraus folgenden Weigerung zuzuhören und zu lernen; dabei kann es nicht zu einer Wandlung mit „menschlicher Veredelung" kommen. Oder es ist eine ebenso leidenschaftliche irrationale Vernarrtheit in eine Idee oder einen Trend, egal wie kurzsichtig und unausgegoren oder geradezu gefährlich diese auch sein mögen – wie es einige neue Kulte und Formen des Fundamentalismus sind. Letztere führen nicht zu einer vollständigen menschlichen „Veredelung", sondern zur Regression des Individuums in einen barbarischen Zustand mit der wohlbekannten Missachtung menschlicher Werte. Wenn dann das Individuum gänzlich seinen Stimmungen ausgeliefert ist und zu ihrem Sklaven und Untertan wird, wird es gnadenlos manipuliert oder ausgebeutet von dem, wovon auch immer es gerade begeistert werden mag.

Das letzte Jahrhundert, welches einen radikalen Verfall aller unserer traditionellen Werte erlebte, hat auch diesen gefährlichen Trend veranschaulicht, bei dem wir von großen politischen und nationalen Bewegungen mit schrecklichen Kriegen besessen werden, ebenso von den versklavenden Trends modischer Gefühlsduselei und religiösem Wahnsinn. Die andere Seite des Problems stellt die irrtümliche und daher besonders hartnäckige Überzeugung dar, dass „ich weiß", wobei die nicht gewandelte Energie darauf brennt, meine

Botschaft zu verkünden. So bin ich in einem unglücklichen und unausgefüllten Leben gefangen, in dem ich mich unverstanden fühle und mich selbst allen nur erdenklichen spirituellen Gefahren bei meinem unaufhörlichen Versuch aussetze, gleichgesinnte „Freunde" und ein gemeinsames Ziel zu finden.

Worin besteht nun die traditionelle Praxis der buddhistischen Disziplin? Für Laien werden *Fünf Vorschriften* empfohlen – die uns lediglich helfen, allgemein menschliche Verhaltensregeln einzuhalten. Freiwillig befolgt bedeuten sie, vom Töten, vom Stehlen, von sittlichem Fehlverhalten, falscher Rede und vom Genuss berauschender Mittel Abstand zu nehmen. Im Lichte dessen, was oben gesagt wurde, könnte Letzteres heutzutage von besonderer Bedeutung sein: nicht berauscht oder von modischen Trends oder innerem Drang gefesselt zu werden. Ein weit gefächerter Blick auf unsere eigenen Handlungen liefert genügend Hinweise für die Notwendigkeit einer solchen Praxis.

Vorschläge für eine gewöhnliche Praxis im Alltag könnten mit einer klar festgelegten Zeit des Aufstehens und wenn möglich auch für das Schlafengehen über eine Woche hinweg beginnen, wobei ein „freier Tag" empfohlen wird. Wenn sich das eingespielt hat, kann das über einen Monat beibehalten werden, wobei man schon mit einem breiten Spektrum emotionaler Reaktionen bekannt gemacht wird, die oft gänzlich überschießend im Hinblick auf solch einen „Zwang" erscheinen. Es könnte uns selbst überraschen, welche Gründe wir erfinden, um die festgelegte Zeit nicht einhalten zu müssen. Haben wir jemals vorher bemerkt, wie wir uns in ein Netzwerk fadenscheiniger Gründe einspinnen, nur um unseren sturen Eigensinn vor uns selbst zu kaschieren?

Und damit sind wir an dem Punkt angekommen, die „Übung im Alltag" auf uns zu nehmen, welche unvermeidlich einen Schleier der Ausflüchte nach dem anderen lüftet. Worin besteht nur diese Übung? Oberflächlich gesehen kann doch nichts einfacher sein, als mich in das hineinzugeben, was hier und jetzt ohnehin getan werden muss, innerhalb der Grenzen der Fünf Vorschriften. Gerade bei diesem Versuch werden innerhalb von ein paar Tagen zwei Hindernisse entdeckt. Um uns die Bedeutsamkeit dieser Praxis klar zu machen, können wir unser Augenmerk darauf richten, wie viele Stunden unserer Wachperiode wir damit verbringen, uns wirklich in das hineinzugeben und mit dem eins zu sein, was wir gerade tun. „Eins sein" bedeutet genau das, „eins zu sein mit" statt „abwesend zu sein" oder von etwas „fortgetragen zu werden". Das zuerst Angeführte ist ein Zustand eines unbewussten Gewahrseins, vielleicht wie beim Anheben eines Kessels und dem Gießen von heißem Wasser in die Teekanne. Wir beobachten uns selbst dabei nicht, sind aber gesammelt und aufmerksam, sonst werden wir möglicherweise Wasser verschütten und uns verbrennen. Und über wie viele Stunden hinweg leben wir nicht hier und heute, sondern schweifen in allerlei Spekulationen umher, in Plänen, Entwürfen und Tagträumereien? So sind wir in unserem eigenen Leben nicht wirklich anwesend und kapseln uns ganz ichbezogen wie in einer Seifenblase ab. Kein Wunder, dass wir uns dabei wie abgeschnitten fühlen und entweder etwas werden oder haben wollen – ein Verlangen, das niemals gestillt werden kann, weil Ich mich selbst als abgetrenntes Wesen, als „eigenständiges Selbst" betrachte und daher stets unsicher bin. Was wäre aber, wenn dieses Ich nur ein flüchtiger Traum wäre? Der Buddha sah es als solches bei seinem Erwachen und wurde nochmals mit dem Leben vereint. Daher stammt seine große Lehre von Nicht-Ich, denn wenn dieser unersättliche Traum zu einem Ende kommt, dann ist auch „mein Verlangen" transformiert.

So beginnen wir damit, uns in das hineinzugeben, was hier/jetzt zu tun ist, in die Situation wie sie ist – und dann machen wir weiter. Eben diese Praxis führt zur Selbstlosigkeit, wo es nur ein Gewahrsein vom Handeln, aber nicht von einem „absichtlich Handelnden" oder einem vorgefassten Ergebnis gibt. Natürlich gibt es Abstufungen dabei. Wie weit kann ich mich in das Tun hineingeben? Mit der Praxis nimmt dies zu, so dass sogar ein Teelöffel „mit ganzem Herzen" aufgehoben wird. Was auch immer zu tun ist, sei es nun ganz trivial oder wichtig, wird so mit ganzem Herzen ohne irgendein Urteilen getan, wobei man jedoch den Vorschriften gehorcht. Dann gewinnt das Leben eine neue Dimension; Dynamik und Begeisterung erscheinen wieder, wie auch Freude und Zufrie-

79

denheit, da alles, um was man sich kümmert oder welchem man in diesem Geiste dient, „beseelt" und etwas zurückgibt. Gefühle der Isolierung oder Einsamkeit, exponiert oder wie „abgeschnitten zu sein", weichen einer dynamischen Beziehung zu allem, was ist.

Offensichtlich benötigt ein solches Unternehmen Zeit, denn sogar wenn ich es möchte, kann ich doch nicht willentlich alles von mir dahingeben. Daher ergibt sich die Notwendigkeit einer Praxis, welche die Annäherung schrittweise lehrt. Hiermit sind immer die achtungsvolle Verbeugung vor allem, was ist, und das Einhalten guter Umgangsformen verbunden. Wenn ich mich nach überallhin ausbreite, bin ich nicht „beieinander" und kann so nicht mein Ganzes geben.

Für uns westliche Menschen ist dieses sich „Hineingeben" die schwierigste Praxis. Selbst unsere Denkweise nimmt einen „Handelnden" an. Unsere christliche Religion lehrt die Existenz eines Gottes, einen alleinigen Schöpfer von allem und gleichsam einen Prototyp für jegliches Handeln. Wir planen und agieren, weil wir überzeugt sind, dass nichts ohne unser Tun möglich ist – und wenn es nicht funktioniert, geben wir auf und verfallen in eine depressive Verstimmung. So sehr wir uns auch auf unsere Pensionierung, Ruhe und Abgeschiedenheit freuen, so werden sie doch als bedrückend empfunden, wenn sie einmal da sind, da es ja „nichts zu tun" gibt. Wenn vielleicht auch nur unbewusst, so besteht doch ein Bedürfnis danach, zu handeln und uns durchzusetzen, welches bei genauer Betrachtung dazu dient, die fiktive Täuschung eines existierenden Handelnden aufrecht zu erhalten, nämlich „Ich", der das Recht hat zu handeln, so wie wir es für geeignet halten. Daher diese panische Angst, es einfach „loszulassen". Der sprachliche Ausdruck ist hier bedeutsam, denn tatsächlich bedeutet für mich, es „loszulassen" genau das Gegenteil, nämlich durch einen Aufruhr der quälenden Leidenschaften schier hinweggefegt zu werden und „die Form zu verlieren", wobei letzteres zu Hilflosigkeit, Hypochondrie und Verkommenheit regrediert. Aber „mich selbst" loszulassen, d.h. die Täuschung von „Ich, mir und mein", ist der gesuchte Schlüssel zur Befreiung, wobei „mich gehen zu lassen" bedeutet, glücklos von der einen oder der anderen Art des Elends weggeschwemmt zu werden.

Dies geschieht, wenn die Wahrnehmungen durch meine Vorlieben verzerrt werden und auf diese Weise egoistisch selbst-zentriert bleiben. Der Hypochonder kann nur von seiner Krankheit sprechen etc.

Eigentlich bedeutet das „Loslassen" meiner selbst, mich willentlich in das hineinzugeben, was gerade zu tun ist, oder in die gegebene Situation, und zwar mit aufrecht erhaltenem Gewahrsein. So empfiehlt die christliche Religion, mich „dem Willen Gottes" zu übergeben, was wir in unserer Selbstsucht vergessen haben, nämlich erneut eins zu sein und so unserem Daseinsgrund und der lebendigen Teilnahme an den Werken Gottes zurückgegeben zu sein. Als Buddhisten würden wir es so ausdrücken, als hätten wir die Gesetze des Universums erneut entdeckt, d.h. das Dharma, in diesem „Klafter langen Körper", in unserem eigenen Herzen.

Die Übung im Alltag hat vielfältige Auswirkungen. Das Einhalten eines vorgegeben Tagesablaufes, immer wieder zurückzukehren zum Hier und Jetzt, sobald uns bewusst wird, dass wir wieder einmal abgelenkt worden sind – all dies bildet eine innere Kraft heran, welche wesentlich für das „Zusammenkommen" oder die Sammlung ist, welche die Praxis erfordert. Dieses hingebende „sofort wieder zurück" in das, was gerade jetzt ist oder getan wird, hundert und tausendmal am Tag, erscheint uns extrem lästig und frustrierend zu sein und ist so ganz anders, als wir es uns jemals vorgestellt oder wonach wir gehandelt hätten. Bei dieser Auseinandersetzung verstärken sich unsere Abwehrreaktionen gegenüber dieser Praxis, und dahinter lauert die Angst, dass wir unsere Selbstbeherrschung verlieren – was wäre denn dann? Wenn wir vielleicht zu einer Rave-Party gehen oder gar mit der Absicht Drogen nähmen, um „aus uns herauszukommen", oder wenn wir in Massenemotionen schwelgen, die hinwegtragen – könnten wir dies auch in einem nüchternen Zustand und ganz alleine tun? Uns selbst hingeben? Wir müssen keine Sorge haben, wenn wir es nicht können, noch weniger müssen wir deshalb ängstlich werden; „Ich bin noch nicht so weit", für eine lange Zeit noch nicht. Daraus ergibt sich die Notwendigkeit zu üben, bis wir soweit verändert sind, dass wir „beieinander" sind und

„uns selbst" geben können. „Herr, in Deine Hände gebe ich meinen Geist" – willentlich.

„Willentlich" ist das Schlüsselwort. Wir haben keine Schwierigkeiten dabei, „uns selbst" in das Lesen eines Buches hineinzugeben, das uns fasziniert, oder in eine „angeregte" Diskussion; oder bei starkem Verkehr in einer Rush Hour am Steuer eines Autos zu sitzen, beispielsweise beim Fahren an der Hyde Park Corner, wo die Situation doch so brisant ist, dass sie „vollständige Aufmerksamkeit" erfordert; oder auch in etwas, das wir für bedeutsam genug erachten, um uns hineinzugeben. Uns wird gesagt, dass unsere Aufmerksamkeitsspanne kürzer wird. Woran liegt das? Könnte es darin begründet sein, dass die Entwicklung von Aufmerksamkeit nicht mehr in erster Linie gelehrt wird, so dass ihre Ausbildung erst gar nicht stattfinden kann? Wenn sie nicht gefördert oder wirklich geübt wird, verkümmert sogar der verbleibende Rest, und es fehlt uns zunehmend an Kraft und Stärke, die Aufmerksamkeit auf ein Objekt zu richten und sie darauf gerichtet zu halten oder mit dem fortzufahren, was uns nicht hinlänglich interessiert, weil wir es für unwichtig halten.

In der Übung wird die Kraft der Aufmerksamkeit entwickelt. Dabei stellen wir mit freudiger Überraschung fest, dass wir es sind, genauer gesagt unsere Urteile wie „langweilig", „trivial" oder „unwichtig", die uns daran hindern, uns mit ganzem Herzen in eine Handlung oder Situation hineinzugeben, die aber beim wirklichen Eins-sein mit ihr Interesse und Freude bringen. So berauben uns unsere eigenen Urteile des Vergnügens! Wenn wir unseren Drang zum Urteilen überwinden und uns stattdessen in das Tun hineingeben, oder falls wir schon das Urteil „langweilig" gefällt haben und uns zum Abwaschen aufraffen, stellt sich nach anfänglichem Widerwillen plötzlich Eins-sein mit dem Tun ein. Jeder beliebigen anfänglichen Abneigung begegnet man am besten mit einem dienstbereiten Geist, beispielsweise beim Abwaschen einer Tasse, oder wenn wir uns zu einer sonstigen Tätigkeit aufschwingen.

Religiöser Gehorsam besteht genau in diesem dienstwilligen Geist – der verbunden ist mit „hören" und „zuhören". Der große Bodhisattva Avalokitesvara (im Fernen Osten Kannon genannt)

82

gelangte durch das Hören zur Einsicht und wird durch das Vernehmen des Wehklagens aller Wesen zum Helfen bewegt. Unsere falsch verstandene, selbst-zentrierte Vorstellung von Gehorsam liegt darin, das zu tun, was uns jemand befiehlt. Aber eigentlich ist es nur ein „Zuhören", ein Anteilnehmen und Befolgen der gegebenen Situation und so „mit ihr eins zu sein". Wir haben schon gesehen, wie dies funktioniert; beispielsweise wenn man beobachtet, dass die Blumen an einem heißen Sommerabend die Köpfe hängen lassen und man zum Schlauch oder zur Gießkanne greift. Das ist echter Gehorsam und beinhaltet bereitwillige Übereinstimmung mit der Situation. Die Belohnung dafür liegt im Tun, nicht im Ergebnis. Die Blumen richten sich erfrischt wieder auf, oder die abgewaschene Tasse leuchtet uns entgegen oder was auch immer. Der zusätzliche Bonus liegt also darin, dass alles „danke" für den gut und freundlich ausgeführten Dienst sagt. Hierin liegt das Geheimnis, und eigentlich ist das schon alles, was es damit auf sich hat. Aber es braucht lange Zeit, um „wirklich da zu sein" und immer auf natürliche Weise zu funktionieren.

Ein Schüler beklagte sich bei seinem Lehrer, dass er ihm nur Arbeit zuteilte, ihn aber niemals unterrichtete. Daraufhin sagte der Lehrer nur: „Sage ich nicht danke, wenn du mir Essen bringst?"

Wenn wir einmal auf diesem Weg der Praxis begonnen haben, stellen wir fest, immer häufiger etwas zu vergessen, zerstreut zu sein, oder schlimmstenfalls von den quälenden Leidenschaften in Form von Habgier und Jähzorn hingerissen zu werden, so dass wir uns momentan nicht hineingeben können – kein Wunder, denn derartig „fortgetragen" besitzen wir uns selbst nicht mehr, um uns geben zu können! Wir finden auch heraus, dass diese quälenden Leidenschaften – die man sich am besten als kostbare Energie vorstellt, weil ihre Kraft die unsrige bei weitem übersteigt – so schnell auflodern, dass sie, wenn wir „wieder zu uns gekommen sind", schon ausgebrannt sind, und ihre Energie am Abnehmen ist. Dies geschieht deshalb, weil man bei den ersten Anzeichen dieser auftauchenden kostbaren Energie nicht „im Jetzt und Hier zu Hause ist". Ihre körperlichen Manifestationen mit Verspannungen der Schultermuskulatur und dem Verkrampfen der Hände bleiben dann unbemerkt; wenn sie einmal in Fluss geraten ist, schwillt die Energie förmlich an und „überwältigt" uns. „Ich weiß nicht, was über mich gekommen ist, ich muss außer mir gewesen sein" – was traurigerweise nur zu wahr ist, denn in einem solchen Zustand haben uns elementare Kräfte fest im Griff, die ihrer Natur nach nicht menschlich sind. Wenn wir darüber nachdenken, was wir einander in einem solch „hitzigen" Zustand angetan haben und auch der Erde, auf der wir leben, mag es hilfreich sein, uns darauf zu besinnen, dass eine solche Übung nötig ist, um uns von unseren eigenen Ausschweifungen zu entwöhnen und die „Feuer sanft zu wandeln". Aber wie macht man das? Wie schon oben ausgeführt, heißt es lernen, „daheim" zu bleiben und so jeglicher Art von Spannungen gewahr zu werden, die einen emotionalen Ausbruch ankündigen. Wenn dies nun tatsächlich geschieht, besteht eine wirksame Hilfe darin, die Energie „einzufangen", anstatt zu versuchen, ihr zu entkommen oder sie zu kontrollieren. Dies macht man beispielsweise durch das Händefalten und eine Verbeugung mit den Worten: „Kostbare Energie, ich bin noch da, bitte brenne mich hinweg", um ihr damit Raum im eigenen Herzen und Körper zu geben, sie sozusagen „zu Herzen zu nehmen" und dort bereitwillig und geduldig ihr Brennen und Reinigen zu ertragen. Dies ist die Läuterung durch das Feuer.

Viele Religionen verwenden das Ritual, das Feuer oder die Flamme zu bewachen. Welch großartige Metapher, und wie zutreffend wahrgenommen! Wenn das äußere oder innere „Feuer" unbewacht bleibt, kann es zu einem verheerenden Flächenbrand kommen. Aber es gibt auch die Wärme und das Licht, ein sanftes Herdfeuer oder Licht in der Finsternis: dies sind Symbole, die bis zum Anfang unseres Menschengeschlechts zurückreichen.

Die Beharrlichkeit bei der Übung im Alltag (Sila) setzt diese Läuterungsvorgänge in Bewegung. Daher ist es kein Wunder, dass wir den scheinbar so einfachen Akt, uns hineinzugeben, so schwierig finden. Vielleicht ist die ältere Formulierung „sich einer religiösen Praxis unterziehen" hilfreich, denn sie korrigiert die Vorstellung, dass „wir es tun können", wobei wir überzeugt davon sind, dass „wo eine Wille, auch ein Weg ist" , und niedergeschlagen und desillusioniert werden, wenn wir herausfinden, dass wir es dennoch nicht können. So ist dieses Sich-Unterziehen eine Hingabe von uns selbst in den Weg. Und mit dem Hin- und Aufgeben der Ich-Täuschung können das wahre Selbst oder die Wahre Natur in Erscheinung treten. Daher ist die Erwartungshaltung, dass wir es tun können, reine überhebliche Unwissenheit, und die Entmutigung beim Herausfinden, dass wir es nicht können, ist töricht. Wir können uns aber mit der Tatsache trösten, dass nur ein erwachter Buddha „es tun kann", d.h. diese Übung im Alltag wirklich zu leben vermag. Bei der Selbst-Hingabe werden wir mit den Hindernissen vertraut, die uns beeinträchtigen oder im Wege stehen. Bei fortlaufender Praxis verschwinden sie schrittweise, und wenn sich die Sicht geklärt hat, wird der Heimweg wieder entdeckt. Das Heim ist unser eigenes menschliches Herz mit all seiner Wärme und Kraft. Der Buddha erklärte uns diesen alten Weg, den er wieder entdeckt hatte und der zur alten Zitadelle des Herzens führt.

Zusammenfassend ist die Übung im Alltag keinesfalls eine Übung für Anfänger, sondern all-umfassend und darauf ausgerichtet, eine bleibende Veränderung des Herzens zu bewirken. Daraus ergibt sich eine neue Einstellung, ein Erwachen aus dem bedrückenden Traum einer selbstbezogenen, engen „Egoität". Dies führt zu einem offen-, groß- und warmherzigen „Sehen wie alle Dinge wirklich sind" und zu einem Leben aus diesem Sehen heraus „zum Wohle aller Wesen" – das ist Buddha, das heißt, „erleuchtet" zu sein. Um auf diesem Kurs zu bleiben ist die Kultivierung aller Paramitas wesentlich – vom „Geben" („mich selbst hineingeben") bis hin zur Zurückhaltung, welche geduldiges Ertragen und Kraft erfordern, bis hin zum gesammelten Gewahrsein und zur Weisheit. Diese Kultivierung schließt die Praxis der Meditation ein, mit der sich das nächste Kapitel befasst.

Kapitel VI

Meditation

Damit das „Sehen" immer stärker verfeinert und klarer wird und schließlich die Befreiung von dem Rad bewirkt, ist die religiöse Disziplin der Meditation wesentlich. Ebenso bedeutsam ist die Erkenntnis, dass sogar die diesbezüglichen anfänglichen Bemühungen von der inneren Kraft abhängig sind, die aus der Übung im Alltag erwächst, d.h. durch die Kultivierung des geduldigen Durchhaltens und die Verlängerung der Aufmerksamkeitsspanne. Wie alle religiösen Disziplinen entwickelt sich die buddhistische Meditation im Rahmen der buddhistischen Lehren und bestätigt sie. Sogar die grundlegende Bedeutung buddhistischer Meditation ist von unseren westlichen Vorstellungen sehr verschieden, welche ja auf den christlichen Dogmen beruhen. Meditationsübungen sind religiöse Disziplinen und nicht etwa nur „Methoden", die „ich" „ausüben" oder nach ihrer Wirksamkeit, Eignung oder ihrem Schwierigkeitsgrad beurteilen kann.

Der Buddhismus, ja der gesamte Buddhismus ist auf die Einsicht (Prajna) in die Wahre Natur ausgerichtet – wobei die eigene und die Wahre Natur aller Dinge die „gleiche" ist – und auf das korrekte Wirken dieser Einsicht, welche das Individuum in der Ganzheit dessen, was ist, wiedervereint und damit in Einklang bringt. Dies befähigt die Übenden, mit ganzem Herzen und spontan auf die Erfordernisse einer gegebenen Situation zu reagieren, und zwar auf eine spezifische, d.h. menschliche Weise; nicht etwa, weil ein solches Handeln beabsichtigt ist oder als wünschenswert beurteilt wird, sondern weil die passende Antwort für das menschliche Wesen ganz natürlich und spezifisch menschlich ist.

Daraus folgt, dass Meditationsübungen darauf hinzielen, diese Antwort auszulösen, und sie stellen tatsächlich eine weitere Verfeinerung der Übung im Alltag dar, wobei sie über die Grenzen von „Ich" hinausführen. Deshalb ist die Erfahrung mit der Übung im Alltag als Vorbereitung nötig, um die Übung durchzuhalten, welche dazu bestimmt ist, jegliche Selbsttäuschung abzustreifen. Bei einem

86

solchen Vorgang gibt es nichts, was wir tun können, es gibt nichts zu tun – nur uns selbst hinzugeben und es „auszusitzen", vergleichbar etwa mit einem Vogel, der seine Eier ausbrütet.

Zu Beginn neigen Menschen im Westen dazu, über den körperlichen Aspekt der Meditation hinwegzusehen oder ihn sogar zu ignorieren. Er ist aber von überragender Bedeutung, weil der Körper eine große Hilfe bei dem Unternehmen ist, und wir müssen es lernen, mit dem Körper zu arbeiten, seine Sprache zu verstehen und seine Botschaften zur Kenntnis zu nehmen, kurz gesagt, mit ihm nochmals ganz eins zu sein. Meist leben wir im Kopf allein, in unseren Wünschen und Abneigungen, Ideen, Vermutungen, Meinungen und Fantasien, und wir sind bekümmert, wenn der vernachlässigte Körper uns zu schaffen macht oder krank wird. Andererseits können wir auch in Bezug auf den Körper übermäßig besorgt sein, Sklaven der Nahrungsaufnahme werden und einen Gesundheitsfimmel entwickeln, zu Hypochondern werden und den Körper verwöhnen oder ihn mit Diäten krank machen. Aber der Körper liefert vitale Informationen und teilt Stimmungen und emotionale Zustände in einer Sprache mit, die wir alle verstehen. Daher stammen auch Redewendungen wie „die Nase voll haben", „es satt haben", „ich kann es nicht schlucken", „es bleibt im Halse stecken" oder „die Galle läuft über" etc. Und wir sind mit Hilfe des Körpers zueinander emotional offen, sogar wenn wir versuchen, unsere Gefühle zu verbergen.

Was geschieht, wenn ihr für eine Minute lang schnell nach Luft schnappt? Ohne es eigentlich zu wissen, fühlen wir uns hitzig und aufgeregt. Das Gegenteil davon, nämlich absichtlich langsam zu atmen, wird uns dabei helfen, uns wieder „abzukühlen"; dies ist wirksamer als jeder Versuch, dasselbe mit vernünftigen Argumenten zu erreichen. Wenn wir uns an einem ruhigen Ort still verhalten und dabei vielleicht auch die Augen schließen, dann werden wir schnell ruhelos, wenn wir nicht daran gewöhnt sind, und beginnen dann, herumzuzappeln und zu husten, und wir wollen von dort wegkommen. Wenn wir das nicht können, erscheinen die Tagträume, und bald beginnt der innere Film abzulaufen, der nicht immer erfreulich ist. Wir werden uns selbst gegenübergestellt, und wenn sich nichts anderes anbietet, können wir uns vielleicht in den Schlaf zurückziehen.

So suchen wir wieder Zuflucht bei unserem Körper, um wachsam und gesammelt zu bleiben. Wenn man einen guten Freund auf einem Stuhl vorfindet, „völlig zerschmettert" und in schrecklicher Stimmung, dann macht man den aufmunternden Vorschlag: „Versuche doch mal, dich zusammenzureißen, dann geht es dir bestimmt besser!" Versucht es selbst einmal. Lasst euch in einem Sessel zusammensacken, reißt euch dann zusammen und setzt euch aufrecht hin! Welche Gefühle begleiten diese beiden Haltungen? Gerade dies ist die erste Voraussetzung für die buddhistische Meditation, im Körper „gesammelt" und „beieinander" zu sein. Erst dann können die innerlichen mentalen Fähigkeiten sinnvoll kultiviert werden. Aber nicht nur bei der Meditation, auch im täglichen Leben müssen die gesammelte Form, Ausgeglichenheit und Höflichkeit geübt werden.

Da im Buddhismus der Begriff „Ich" nur als gedankliche Täuschung angesehen wird, folgt daraus, dass wir nicht meditieren und noch weniger „lernen können", zu meditieren. Auch deshalb ist Meditation ein natürlicher Zustand oder eine Haltung, die aus sich selbst heraus in der Abwesenheit von „Ich" vor sich geht. Wenn die Kräuselung verschwunden ist, spiegelt die Oberfläche des Teiches glänzend wie ein Spiegel das wider, was auch immer auf die Oberfläche treffen mag.

Die grundlegende buddhistische Meditation besteht darin, ruhig zu werden wie der Teich, der alles wie ein Spiegel reflektiert. Und dies hat nichts mit Ich zu tun. Daher stammen auch die sorgfältig gewählten Definitionen wie Wahre Natur oder Herz – Herzspiegel ist ein oft verwendeter Begriff. Es ist die Eigenschaft oder liegt in der Natur eines Spiegels zu reflektieren, aber er hält weder daran fest, noch behält er das Reflektierte für sich zurück. Die Güte einer solchen Widerspiegelung hängt davon ab, wie klar der Spiegel ist. Staub, Kratzer, Verzerrungen oder Verschmierungen werden die Kraft der Reflexion entstellen oder gänzlich verhindern. Ähnlich wird ein Herz/Geist, der rundherum verstreut, voll von Egoismus und besonderen Urteilen, von Willkür und leidenschaftlichen Meinungen ist, den Spiegel ganz außer Kraft setzen und seine Reflexion verzerren.

So besteht in der buddhistischen Meditation der erste Schritt in der „Sammlung" des Körpers, und erst danach folgt die „Wieder-Sammlung" des Herzens. Letztere ist kein Zustand von Leere, sondern von gesammelter Wachsamkeit, was man auch häufig ein „offenes Herz" oder auch ein „leeres Herz" nennt, denn wenn die Ich-Bedeckungen entfernt sind, wirkt ein solches Herz wie ein Spiegel; was auch immer auf ihn treffen mag, so behält er doch keinerlei Reflexionen zurück. Dieser Zustand wird Samatha genannt, die Ruhe und Klarheit, die sich einstellen, nachdem „Ich" und meine Attribute verschwunden sind.

In diesen ungetrübten Widerspiegelungen ist das Sehen sowohl direkt als auch neutral und wird als neutrales Gewahrsein gespiegelt. Mit einem derartigen „Sehen" vermag dann die Art und Weise untersucht werden, wie alle Dinge wirklich sind. Letzteres ist dies die Einsichtsmeditation, Vipasyana. Diese Einsicht ist jedoch keine bloße Vorstellung mehr im Kopf, sondern sie „trifft" auf und durchdringt den ganzen Körper, der eine Antwort gibt und sowohl mit dem Gesehenen als auch mit dem Sehen „eins wird" und jetzt dazu in der Lage ist, aus diesem „Eins-sein" heraus und im „Einklang" mit der Situation , also mit dem was ist, zu handeln.

Für diesen Vorgang sind weder ein Beobachter noch ein zuschauendes Ich erforderlich. Tatsächlich bildet Ich mit meinen Vorstellungen und Absichten das Hindernis, welches einer derartigen Ich-losen Wahrnehmung im Wege steht. Hierin liegt eine Hauptschwierigkeit für westliche Menschen. Obwohl mancherlei Erklärungen möglich sind, so führen sie nicht sehr weit, wenn sie keine Unterstützung durch die Übung bekommen, d.h. durch persönliche Versuche und Erfahrung. Unser hauptsächliches Hindernis besteht dabei sowohl in unserer unklaren Vorstellung von Bewusstsein als auch in unserer Überzeugung von „Ich als dem Handelnden", ohne den kein Tun oder Wissen möglich ist. Nur aus der eigenen Praxis erwachsene „Informationen", egal wie unzulänglich sie auch anfangs sein mögen, werden doch schließlich ausreichende Beweise erbringen, um solche Vorstellungen auszuräumen.

Die Vier Grundlagen des Gewahrseins (Achtsamkeit). Wie passt das nun zur Meditationsübung und wie übt man dies? Als Grundlage wird empfohlen, die „Achtsamkeit zu errichten", auf Pali heißt es Satipatthana, wobei „patthana" die Bedeutung hat von „es sich zu Herzen zu nehmen", und „sati" steht für Bewusstsein oder Achtsamkeit. Daher „achtsames Gewahrsein".

Die Vorbedingung für eine solche Achtsamkeit ist die Sammlung des Körpers und der mentalen Funktionen. Dies wird mit Hilfe der Sila-Praxis gepflegt (Übung im Alltag), und wenn sich einmal meditative Ruhe eingestellt hat, dann werden in diesem ruhigen, Ich-losen, aufmerksamen und achtsamen Zustand die Vier Grundlagen überdacht: aufmerksam gewahr des Körpers, der Gefühle/Empfindungen, der mentalen Aktivitäten und der „mentalen Gegenstände", der Gedanken. Es kann gar nicht genug betont werden, dass dieses „Gewahr-sein" *nicht* bedeutet, dass ich zuschaue oder mich selbst beobachte; das wäre vergleichbar mit einem Hund, der hinter seinem Schwanz herjagte. Kneift euch selbst in die Nase – entsteht die Empfindung im Bewusstsein von selbst oder bedarf es eines Kommentators, um euch darüber zu informieren?

Diese Achtsamkeit macht uns mit dem gewöhnlichen mentalen und emotionalen Rahmen vertraut und ist so überaus bedeutsam. Ohne sie kann sich vollständige Achtsamkeit der Angewohnheiten und Verhaltensweisen nicht entwickeln, und ohne eine solche Achtsamkeit kann keine Einsicht in die grundlegende Täuschung (Avidya, s. Kette der Bedingten Entstehung) gewonnen werden, und sie lässt sich dann auch nicht auflösen. Diese Auflösung ist aber gerade die Voraussetzung dafür, dass der Herzspiegel klar das widerspiegelt, was ist und wie es ist.

Diese bewusste, aufmerksame Achtsamkeit „informiert" das Individuum. Ebenso wie ein Kneifen in den Arm oder ein Zupfen am Ärmel direkt wahrgenommen und direkt beantwortet werden können, bedarf eine solche „richtige" Reaktion keiner Ich-Beurteilung oder Ich-Überlegung. Der Finger, der den glühend heißen Herd berührt, wird wie „von selbst" zurückgezogen – glücklicherweise bevor ich lahme Ente begriffen habe, was geschehen ist. So ziehe ich mir keine üble Verbrennung zu, aber um meine vorgebliche

90

Überlegenheit aufrecht zu erhalten, nenne ich eine solches Vorkommnis oder die direkte Reaktion „instinktiv". Welch großer Führer ist doch dieser Instinkt, wenn ich ihn nicht gerade zurechtbiege, so dass er untauglich wird und zum elementaren Gegensatzpaar „Erschaffung und Zerstörung" hinüberschwingt. „Ich" fesselt mich mit meinen Vorurteilen – „für mich, für uns, mehr, besser, schneller" – innerhalb der engen Grenzen der körperlichen Existenz und blendet mich, sodass ich daran gehindert werde zu sehen, was um mich herum vor sich geht und wie die Dinge wirklich sind. „Meine" Sichtweise ist zwangsläufig parteiisch und kann so niemals wirklich „klar" sein.

Kehren wir nochmals zurück zum *Bewusstsein.* Schauen wir doch einmal her. Was verbinde ich mit Bewusstsein und warum verstehe ich dies oft falsch? Es sind möglich: 1) „Bewusst" ausgeführte, willentliche Ich-Absichten, 2) die Situation, dass Ich etwas erkenne oder mich bewusst an etwas erinnere, 3) ein gehemmtes Reflektieren und Nachdenken über meine Handlungen, Reden und Gedanken – so als ob ich neben mir selbst stünde und wie ein Sport-Reporter Kommentare und Stakkato-Berichte über meine Handlungsweise abgäbe, oder wie ein Richter eine Strafe über meine Handlungen verhängte etc. Eine solch übermäßige Befangenheit kann mich von der Situation abspalten und die lähmende Verlegenheit hervorrufen, dass ich das Gefühl habe, „aller Augen seien auf mich gerichtet". Umgekehrt kann ich diese Aufmerksamkeit noch fördern, wenn ich sie brauche, um der Star und Mittelpunkt zu sein und dadurch Auftrieb zu bekommen. Es könnte noch viel mehr angeführt werden, aber es ist jetzt schon klar, dass ich mir Bewusstsein nicht anders als „meins" vorstellen kann, d.h. die Gleichung aufstelle: Ich = Bewusstsein, und daher „nur ich kann wissen". Das führt dazu, dass die Ich-Täuschung untermauert wird und dass jedes direkte Gewahrsein/Bewusstsein, welches den normalen Gedankenablauf umgehen könnte, verhindert wird. Aber es gibt ein Wissen, ein bewusstes Wissen „im Körper", wie man beispielsweise Fahrrad fährt, welches – einmal gelernt – nie mehr vergessen wird. Wiederum lassen sich die Buddha-Worte anführen: „Wie wundersam, wie wunderbar ist es doch, dass alle Wesen die Weisheit und

Kraft des Tathagata besitzen. Aber traurigerweise sind die Menschen aufgrund ihrer Anhaftungen sich dessen nicht bewusst."

Immer wieder begegnet uns die große Buddha-Lehre von Nicht-Ich. Wenn wir sorgsam überlegen und auf die Buddha-Lehren hören, können wir nicht umhin zu erfahren, dass die Summe „meiner" Anhaftungen einschließlich meiner Vorstellungen und Meinungen nicht irgendetwas ist, das ich habe und daher loswerden muss, sondern dass sie eigentlich „Ich" SIND. Und gerade dieses „Ich" ist es, welches „durchschaut" und „hinübergehen" muss – nicht um in Vergessenheit zu geraten, wie ich fürchte, sondern es muss zu bewusster Achtsamkeit geführt werden, wie die Dinge wirklich sind.

Und so hat Bewusstsein als solches, ganz im Gegensatz zu meiner Annahme, wirklich nichts mit „Ich" zu tun. Wieder sind die buddhistischen Lehren hier sehr eindeutig. Sie führen verschiedene Arten von Bewusstsein auf – wobei keines ein Ich als Zentrum benötigt. So kann beispielsweise das Auge ein Auto sehen, und damit dieser „Gegenstand" in das Gewahrsein treten kann, registriert das entsprechende Seh-Bewusstsein „Auto". Die Reaktion erfolgt dann von selbst – man weicht dem ankommenden Auto aus. Die Automarke und die Person des Fahrers sind nicht von Belang.

Die klassische buddhistische Analogie hierfür ist der Mann, der von einem vergifteten Pfeil getroffen wird und ihn nicht entfernen lässt, bevor er herausgefunden hat, wer ihn damit treffen wollte, welchem Stamm er angehört, aus welchem Holz der Pfeil angefertigt wurde, um welches Gift es sich handelt etc. Zweifellos würde er sterben, bevor all diese Informationen vorlägen. Es ist allein wichtig – und hierzu dient das Aufwallen der Energie – den Pfeil rasch aus dem zuckenden Fleisch heraus zu ziehen und die Wunde zu versorgen. Die Fehlleitung der Energie (Nichtwissen) verhindert die Auseinandersetzung mit der aktuellen Situation. Dies stellt nicht die Untersuchung nach dem Wer und Was grundsätzlich in Frage, sie ist aber bei einem Notfall nicht angemessen. Sinnvollerweise kann eine solche Untersuchung stattfinden, wenn man dem aktuellen Notstand nachgekommen ist. Somit werden die angemessenen Funktionen der Vernunft und Intelligenz also nicht grundsätzlich in Frage gestellt, sie sollten aber nicht als Allheilmittel missverstanden werden. Ein Hammer ist ein äußerst nützliches Werkzeug, aber nur ein Narr würde ihn beim Angeln einsetzen.

Nochmals: Das reine Bewusstsein hat in diesem „Ich"-losen Zustand oder der Haltung des wahllosen Gewahrseins die Oberhand, es informiert oder führt zur passenden Antwort hin. So ist kein befangener „Außenstehender" nötig, weder als Beobachter noch als Handelnder.

Die Übung der Vier Grundlagen der Achtsamkeit verfolgt den Zweck, uns mit den eigenen üblichen Reaktionen, den nicht in Frage gestellten Annahmen usw. vertraut zu machen, und wenn sie endlich beseitigt sind, ist der durch sie errichtete Deckmantel verschwunden und die Sicht wird klar. Wenn sich die dunklen Wolken auflösen, kommt die Sonne zum Vorschein und in ihrem hellen Licht werden die Dinge gesehen, wie sie wirklich sind. Letzteres Sehen wird dann weiterhin kultiviert, so dass dieses Sehen und damit auch die Stärke, danach zu leben, ständig vorherrschend sind.

Nochmals sei betont, dass die Lehren verschiedene Bewusstseinstypen differenzieren. Es gibt fünf körperliche Sinnesbewusstseins-Typen (des Sehens, Hörens, Geruchs, Geschmacks und das Bewusstsein über die Tastempfindung) und das sechste Bewusstsein, welches mentale Objekte/Gedanken erkennt, wie es im Schema der Achtzehn Dhatu zu sehen ist (Auge, Sehobjekt und bewusstes Gewahrsein darüber etc.) In der Zwölfgliedrigen Kette der Bedingten Entstehung wird Bewusstsein als ein Strom angesehen, der sich unter der Bedingtheit karmischer Faktoren ständig verändert, wobei zurückliegende Wiedergeburten mentale Formationen (Tatabsichten) hervorrufen (Samskaras, viertes Aggregat), welche jetzt Tätigkeiten bewirken und damit weitere karmische Konsequenzen veranlassen. So ist dieses aktuelle Bewusstsein, welches zu der gegenwärtigen individuellen Existenz gehört, auch ein wiedervereinendes Bewusstsein, das die gegenwärtige Existenz mit der vergangenen zurück-verbindet und Bedingungen für die Zukunft festlegt. In diesem Sinne kann Bewusstsein als die Funktion angesehen werden, welche (eine individuelle) Existenz mit (einer anderen) Existenz verknüpft.

Auch das Bewusstsein selbst, welches bedingt entstanden ist, verändert sich wie ein Strom immerfort. So bedingt wird dieser Strom bei dem „Vergehen" der Form eine passende neue Form suchen (Wiedergeburts-Bewusstsein). Daher lässt sich auf eine Weise sagen, dass Existenz Bewusstsein ist, aber nur auf eine Art, denn es ist selbst bedingt und verändert sich ständig. Es ist sicherlich nicht in dem Sinne zu verstehen, dass „Ich" Bewusstsein bin („ich denke, also bin ich").

Darüber hinausgehend gibt es die umfassende Lehre der „Nur-Bewusstsein"-Schule (Yogacara) des Mahayana. Wie schon oben ausgeführt, hat jeder der fünf Sinne sein entsprechendes Bewusstsein; das sechste Bewusstsein „mentaler Objekte" beobachtet dann hereinkommende Sinneseindrücke und kann diese auch tatsächlich registrieren. Folglich gibt es dann das siebte Bewusstsein, welches etwas mit Gedächtnis, Erfahrung und Gefühlen zu tun hat, wobei es diese in nützliche, angenehme etc. und ihr Gegenteil aussortiert. Darin liegt nichts Falsches, eigentlich ist es ziemlich nützlich, zum Beispiel ist ein Bienenstich schmerzhaft, deshalb sollte er, wenn möglich, vermieden werden.

Sollte sich jedoch dieses Bewusstsein an ein gewähltes Ziel oder Objekt in dem Sinne heften, dass es willkürlich versucht zu manipulieren und andere Bedingungen außer Acht zu lassen, dann entsteht aus solch einem ständigem Einmischen die Vorstellung einer konstanten Entität, die auswählt und auf selbst-zentrierte Weise handelt, so dass damit das irrtümliche Gefühl von „Ich" als dem Handelnden aus eigener Kraft entsteht. Ist das Gefühl einmal vorhanden, ist es nicht leicht, es wieder loszuwerden.

Schließlich kennt diese Schule des Buddhismus ein achtes oder Speicher-Bewusstsein, in dem jegliche Erfahrung und jedes Wissen aufbewahrt ist, an dem wir alle teilhaben – die angeborene Weisheit und Kraft des Tathagata, welche allen Formen das natürliche Wissen vermittelt (informiert), mit welcher alle Formen ausgestattet sind, ohne dass etwas fehlt, eine jede Form wie es spezifisch zu ihr passt. Aufgrund unserer Anhaftungen verdunkelt jedoch bei uns Menschen ein irrtümliches Gefühl von Ich dieses Gewahrsein.

Wenn aber ein individueller Bewusstseinsstrom mit guten karmischen Voraussetzungen „imprägniert" wurde und heilsame zukünftige Bedingungen in Bewegungen gesetzt hat, kann er von der täuschenden Anhaftung an „Ich oder wie es mir passt" loskommen, welche das natürliche Gleichgewicht stört. Wir müssen nur umherschauen, um überall die Auswirkungen derartiger Störungen zu sehen. Geduldige Übung ist erforderlich, um die Täuschung aufzulösen, so dass mit rechter Sichtweise und entsprechendem Handeln (die Vierte Edle Wahrheit) reines Bewusstsein aufleuchten kann – die klare bewusste Achtsamkeit der im achten Bewusstsein gespeicherten Information –, welches dann wie der Große Weisheitsspiegel aufleuchtet und korrektes Handeln und Wirken ins Leben ruft.

Zusammenfassend ist nach buddhistischer Sichtweise kein Ich notwendig; vielmehr ist ein ständig sich veränderndes Bewusstsein der Ausführende, der selbst nur vorübergehend vorhanden ist. Dieses sich verändernde Bewusstsein wird, obwohl es in Formen vorhanden ist und wirkt, als das Bewusstsein angesehen, das „hinüberträgt". Es ist jedoch *nicht* das Bewusstsein eines beständigen Ich, das hinübe geht – was im Westen häufig als Wiedergeburt missverstanden wird und entweder heiß ersehnt oder als unsinnig zurückgewiesen wird. Es ist keines von beiden, es ist eben „anders, als ich es mir vorstellen kann" oder „jenseits von Ich" gelegen und gehört zu der „Transzendenten Weisheit", Prajna Paramita. Mit dieser Öffnung ist das menschliche Wesen aus dem Gefängnis von Ich befreit und betritt den Göttlichen Aufenthaltsort von Gutem Willen gegenüber allem. Dabei werden Leiden und Freude jetzt gelassen geteilt, ohne von ihnen überwältigt zu werden, und das menschliche Wesen steht so in freudigem Dienst für alle zur Verfügung.

Kapitel VII

SCHLUSSFOLGERUNGEN

Noch wesentlich mehr ließe sich über die buddhistischen Lehren sagen und ausführen. Hier wird nur eine Zusammenfassung gegeben. Aber auch aus diesem Überblick dürfte schon klar werden, wie alle buddhistischen Lehren und Praktiken miteinander verknüpft sind. Tatsächlich können sie mit einem mächtigen Baum verglichen werden. Unter seinem weit gespannten Schirm gibt es Schutz und Schatten für viele, die beim Blick nach oben in das verschlungene Netzwerk von Ästen und Blättern von einem Gefühl der Ehrfurcht und des Staunens erfüllt werden. Beim Anblick des lebendigen Netzes und Wunder des Lebens können sie eine Änderung des Herzens, einen Sinneswandel erfahren. Damit wird das Streben nach Erleuchtung geboren, und wenn sie jetzt den uralten Pfad des Buddha betreten, werden sie zu bewusst Teilnehmenden an dem lebendigen Wunder und zu dessen bereitwilligen Dienern, zum Wohle aller Wesen. Es gibt nichts, das abgesondert ist. Der buddhistische Weg und seine Praxis sind horizontal mit allem verbunden, sie verbinden erneut mit dem Grund und der Essenz aller Wesen und führen mit stetig wachsender Harmonie und freudigem Gewahrsein vorwärts. Hierfür ist der Bodhisattva das passende Symbol, der mehr und mehr „zum Buddha" wird und so in Selbstlosigkeit und im Dienst an allen „erstrahlt". Für ihn bedeutet „zum Wohle aller Wesen" keine Entsagung, sondern Erfüllung.

Schließlich ist das ständige Hervorheben der Formulierung „Zum Wohle aller Wesen" in unserer Zeit vielversprechend. Es verlangt jedoch ein klares Sehen dessen, was ist, und demgemäß ein entsprechend korrektes Handeln, ohne Selbstsucht oder irgendeine mit Vorteil belastete Täuschung, selbst wenn gute Absichten dahinter stehen. Heutzutage sind wir trotz mancher Wunder in materieller Hinsicht in eine spirituelle Eiszeit hinabgesunken. Daraus resultiert ein entsprechendes Verlangen, aus diesem kalten frostigen Zustand der Trennung erweckt zu werden und noch einmal Teilnehmer, um nicht zu sagen Zelebrant, in dem Mysterienspiel zu werden, welches das Leben darstellt und welches alle Spieler wunderbar vereint und sie einlädt, ihre Rolle zu spielen und sich „in Einheit" mit allem dem „Großen Tanz des LEBENS" anzuschließen.